KB033319

함부로 말하는 사람과
대화하는 법

TAKE THE BULLY BY THE HORNS:
Stop Unethical, Uncooperative,
or Unpleasant People from Running and Ruining Your Life

함부로 말하는 사람과 대화하는 법

샘 혼 지음 ✦ 이상원 옮김

괴물과 싸우면서 괴물이 되지 않는 대화의 기술

갈매나무

괴물은 여전히, 어디에나 있다

먼저 이 책이 새로운 모습으로 한국의 독자들과 마주할 수 있게 되어 기쁘고 감사하다. 한편으론 여전히 못된 사람들의 괴롭힘에서 벗어나기 위해 이 책을 찾는 한국 독자들이 있다는 사실이 안타깝게 느껴지기도 한다. 무례한 괴물은 여전히, 어디에나 있다.

내가 이 책을 쓴 2002년 이후 괴롭힘 문제는 한층 더 심각해졌다. 이건 나 혼자만의 생각이 아니다. '직장 내 괴롭힘 연구소Workplace Bullying Institute'가 내놓은 다음 조사 결과를 보자.

- 직장인의 35%가 직장에서 괴롭힘을 당한다.
- 직장인의 60%는 직장에서 벌어지는 무례한 상황에 스트레스를 받는다.
- 직장인의 80%는 직장 내 무례한 행동이 큰 문제라고 생각한다.

이런 상황이니 무례한 괴물을 어떻게 처리할 것인지 배우는 일은 그 어느 때보다 중요하다. 괴롭힘은 직장 안팎에서 매일 일어나기 때문이다.

괴물에게 시달린다는 사람들 수천 명을 인터뷰한 결과 알게 된 것이 있다. 피해자는 전적으로 무고하다는 사실이다. 그들이 먼저 괴물을 자극하는 일은 전혀 없었다. 오히려 건드리지 않고 피해 가려고 온갖 노력을 다한다. 안타깝지만 피해 가려는 시도는 상황을 악화시킬 뿐이다. 이 책에서 설명하겠지만 그런 시도는 오히려 괴물이 스스로 더 강하다고 믿게끔 만들어버린다. 그러므로 물러서면 물러설수록 괴물은 더 강한 공격을 가할 것이다. 회피는 나약함으로 해석되고 이는 공격성을 강화하기 때문이다.

자, 이제 좋은 소식을 전하겠다. 괴물과 맞설 실질적인 기법을 당신도 배울 수 있다. 이 책에는 '괴물이 자폭할 때까지 기다리라'느니 괴물도 '힘든 시기를 겪는 중이니 쉽게 해주라'느니 '비정상적인 가정에서 성장한 탓이니 용서하라'느니 하는 말은 없다. 이런 말들은 나쁜 조언이다. 역효과만 내기 때문이다. 달래거나 이해하려는 시도는 괴물에게 보상이 된다. 그리고 보상받은 행동은 반복된다.

이 책은 진실을 과감히 밝히려 한다. 당신은 괴물에게 친절하면 친절할수록 더 처참한 대접을 받게 될 것이다. 공정하지 않지만 이것이 진실이다. 이 책은 괴물이 좋은 사람과 다정한 영혼을 찾아내 공격하는 이유가 무엇인지, 당신이 거기 걸려들지 않으려면 어떻게 해야 하는지 알려줄 것이다.

혹시 다음과 같은 사람이 주변에서 당신을 괴롭히고 있는가?

- 당신의 신뢰를 거듭 깨뜨리는 사람
- 당신을 웃음거리로 만들고 약점을 공격해 무력감을 유발하는 사람
- 모든 것을 자기가 결정하려 들고, 반대가 나오면 미친 듯 흥분하는 사람
- 걸핏하면 폭발하기 때문에 살얼음 위를 걷듯 조심조심 대해야 하는 사람
- 당신을 압박해 굴복시키고 자기 뜻에 따르도록 하려는 사람
- 자기가 잘못해놓고 당신이 그렇게 만들었다며 탓하는 사람
- 결론을 내릴 사람은 오로지 자신뿐이라고 여기는 사람
- 다음 상황을 예측 불가능하게 만들어 긴장과 두려움을 유발하는 사람

- 교묘한 공격적 언사로 마음 상하게 하는 사람
- 거짓 소문을 퍼뜨려 당신의 명예를 실추시키는 사람
- 정신적·신체적으로 위협을 가해 두려움에 물러서게 만드는 사람

그렇다면 이 책을 통해 다음과 같은 방법들을 배우도록 하라. 서서히 자신감, 자아존중감 그리고 침착함을 되찾게 될 것이다.

- 마땅히 존중받을 권리를 되찾기
- 고통스러운 과거에서 빠져나와 그 부당함을 깨닫기(모욕적인 관계를 지속하며 무력감에 휩싸이지 않기)
- 괴물의 위험신호를 포착해 거리를 두기
- 너무 감정적이라는 비난 혹은 공격을 받을 때 대처하기("난 너무 감정적이지 않아!"라고 외치는 방식은 아니다.)
- 괴물이 'Yes'를 강요할 때 굴복하지 않고 'No'라고 말하기
- 자신이 모두와 잘 지내려 애쓰는 유형은 아닌지 판단하기(괴물은 바로 이런 유형을 선택한다. 맞서지 않으리라는 것을 알기 때문이다.)
- 자기도취에 빠져 성찰할 줄 모르는 사람 처리하기
- (괴물로 인해 냉소적, 비관적으로 변하는 대신) 인간에 대한 믿음을 계속 유지하고 신뢰를 선택하기

나는 괴롭힘 문제에 대해 보잉, 영국 주재 미 대사관 등에서 여러 차례 워크숍을 진행했다. 스피치와 경청 협회Speech and Hearing Association, 한국에서 개최된 아시안리더십콘퍼런스 등 세계 각지의 콘퍼런스에서 연설도 했다.

성공할 능력이 충분했던 똑똑하고 선량한 이들이 괴물의 먹잇감이 되어 인생을 망친 이야기들을 듣게 되면 참으로 서글펐다. 완벽하게 훌륭했던 삶이 괴물 때문에 추락하고 뒤집혀버린 사례들도 수없이 접했다. 건강이 상했다는 이들도, 괴물의 행동과 말이 떠오르면 한밤중에도 자리에서 벌떡 일어나게 된다는 이들도 많았다.

이런 괴물이 존재하리라고는 꿈에도 생각 못 했던 순진함이 문제였다. 그리하여 터무니없고 모욕적인 괴롭힘에 대한 준비가 전혀 되어 있지 않았고, 적절히 대처하지도 못한 것이다.

더 큰 문제는 용기를 내 주변에 도움을 청해도 "본래 그런 사람이야. 늘 그랬어"라거나 "아무리 설명해도 자기가 무례했다는 걸 절대 인정하지 않을 거야" 정도의 말밖에 듣지 못한다는 데 있다. 상사에게 하소연해도 "그래? 나한테는 깍듯하던데"라는 대답이 돌아오기 일쑤이다. 상사들은 괴물이 윗사람에게는 입의 혀처럼 굴지만 동료나 아랫사람에게는 한없이 무례하다는 사실을 깨닫지 못한다.

당신의 상황은 어떤가? 인생을 비참하게 만드는 누군가 때문에 괴로운가? 도움을 청해보았지만 아무 소용 없었는가? 편두통과 스트레스만 극심해졌는가?

그렇다면 바로 이 책이 당신에게 당신 삶의 통제권을 되찾게 해줄 것이다. 본문에 나오는 기법들을 잘 익혀 지금 당장 당신 삶의 질을 확보하라. 준비되었는가? 그럼 시작하자.

2020년 5월
샘 혼

1부 게임의 규칙이라고는 모르는 사람

2부 함부로 말하는 사람과 대화하는 법

3부 나의 자존감을 지키는 대화의 기술

4부 적을 만들고 싶지는 않다

괴물과 싸우면서 괴물이 되지 않는
대화의 기술

당신의 삶을 힘들게 만들면서 즐거워하는 누군가와 함께 일하거나 살고 있는가? 그 사람은 당신을 머리끝까지 화나도록 만든 뒤 그저 장난이었다고 말하고 마는가? 그 사람과 대화할 때면 언제 또 싫은 소리가 튀어나올지 몰라 조마조마한가? 그 사람은 당신이 늘 틀리고 자기가 옳다고 주장하는가? 그 사람이 곁에 없으면 행복한가?

'그렇다'는 대답이 나온다면 당신은 우리와 동병상련의 동지이다. 이 책은 못된 사람(어쩌면 '악질'이라는 표현이 어울릴지도 모르는 말이 안 통하고 사악한 사람)에게 당하면서 사는 사람을 위해 펴냈다. 이 책을 통해 상황을 명확하게 파악하고 자신감과 의사소통 기술을 연마해 더 이상 못된 사람들이 당신 삶을 좌지우지하지 못하게 하길 바란다.

○ 세상은 무대이다. 그리고 우리 대부분은 리허설도 없이 그 무대에 오른 상태이다.   – 숀 오케이시Seán O'Casey(극작가)

못된 사람들의 악질적인 말과 행동은 오늘날 아주 일상적인 문제이다. 텔레비전이나 라디오, 신문에서도 관련 기사가 끊임없이 등장한다. 당연한 일인지도 모른다. 주거와 업무 환경이 복잡해지면서 참을성이나 예의범절은 점점 더 찾아보기 어렵게 되었으니까. 언어폭력은 온 사방에 난무한다. 텔레비전 시트콤에서 자식들이 부모에게 상스러운 말을 해도 우리는 더 이상 눈 깜짝하지 않는다. 쇼 프로그램 진행자들은 대놓고 시청자를 우롱하거나 비웃으면서 시청률을 올리기 바쁘다.

인간관계의 황금률은 이미 내던져진 지 오래인 것 같다. 나는 〈텅후Tongue Fu!〉 워크숍을 진행하면서 그런 세태를 실감하곤 한다. 내가 쓴 책《적을 만들지 않는 대화법Tongue Fu!》을 바탕으로 하는 이 워크숍은 까다로운 사람들을 어떻게 다루면 좋을지, 그 과정에서 자신까지 까다로운 사람이 되지 않는 방법은 무엇인지에 대해 중점적으로 다룬다.

그런데 어느 날 열심히 고개를 끄덕이며 메모하던 참석자들 가운데 한 사람이 워크숍이 끝날 때쯤 손을 들고 이런 질문을 던지는 것이 아닌가?

"대개의 경우 제시하신 방법은 효과를 볼 것 같습니다. 대부분의 사람들은 공정하게 행동하고 싶어하니까요. 하지만 그런 것들을 싹 다 무시하는 상대와 살고 있거나 일해야 한다면 어떻게 해야 할까요?"

그러자 다른 참석자들도 기다렸다는 듯이 합세해 경험담을 털어놓았다. 자기는 평화롭게 상황을 해결하려 했지만 아무 소용이 없었고, 결국은 그 못된 사람 때문에 자기 인생까지도 부정적인 영향을 받게 되었다고 말이다. 능력 있고 매사 자신만만했던 사람도 그런 상식 밖의 못된 사람을 만나면 마음의 평화를 잃고 일의 능률이 떨어진다고 한다. 워크숍 참석자들은 이에 대해 불안감과 좌절감을 표시하면서 어떻게 하면 자존감을 지키면서 그 난감한 상황을 헤쳐갈 수 있을지 궁금해했다.

해답을 찾기 어려운 그런 이야기들을 점점 더 많이 듣게 될 무렵 나 자신도 비슷한 경험을 하게 되었다. 못된 사람이 우리를 목표물로 삼았을 때 어떻게 해야 할지, 이상적이기보다는 좀 더 실질적인 대응책이 무엇일지에 대해 고민하게 된 것이다.

○ 제가 이 상을 받을 자격은 없습니다. 하지만 제 관절염도 자격이 있어 얻은 것은 아니군요.   — 잭 베니Jack Benny(코미디언)

출장 중에 가족 한 명이 병원에 입원했다는 소식을 들었다. 급히 집으로 돌아온 나는 내 인생 철학과 가치관을 뒤흔드는 어처구니없는 상황에 부딪히고 말았다.

다행히 가족의 병세는 곧 호전되었다. 하지만 불행히도 나는 '게임의 규칙'이라고는 모르는 것 같은 상대와 맞서야 했다. 서로에게 유리한 해결책을 찾기 위해 가능한 모든 방법을 다 강구했지만 아무 소용이 없었다.

그것은 누구에게든 당황스럽고 고통스러운 경험일 테지만 내 경우에는 한층 더 참기 어려웠다. 어쨌든 나는 〈포춘Fortune〉 선정 500대 기업 중 수십 곳에서 갈등 해결과 협력 구축을 위한 직원 교육을 의뢰받아온, 자타가 공인하는 갈등 해결 분야의 전문가이니 말이다.

수년 동안 쌓은 경험과 전문 지식을 아무리 동원해도 성과가 없었을 때 내가 얼마나 좌절했을지 짐작이 가는가? 나는 스스로 세워둔 원칙을 깨뜨리고 싶지 않았다. 하지만 도덕적 접근법은 계속 역효과만 불러일으키는 상황이었다. 결국 나는 참담한 결론을 내리고야 말았다. 까다롭게 굴려고 작정한 상대를 만났다면 그 어떤 협력적 의사소통 기법도 소용이 없다는 결론이었다. 나는 완패했다.

그 이후 나는 비슷한 경험을 가진 사람들의 이야기를 본격적으로 모으기 시작했다. 여러 분야에서 활동하는 수십 명의 전문가들과 만나 동료나 가족, 고객, 상사 등이 도를 넘어 행동할 때 어떻게 대처하는지 알아보았다.

그러므로 이 책을 읽는 독자들이 현실과 동떨어진 추상적인 이론에 시간을 낭비하는 일은 없을 것이다. 남을 괴롭히는 데 혈안이 된 상대와 맞서고 있다면 자신감을 가지라는 식의 진부한 이야기는 아무짝에도 소용없다. '도대체 어떻게 자신감을 가지라는 거지? 어떤 말을 해야 한다는 거야? 대응하려고 한 말이 더 큰 화를 불러일으키면 어쩌지?'라는 의문이 들 뿐이니까.

이 책은 실질적인 조사의 결과물이다. 이 책에서는 당신보다 먼저 못된 사람의 괴롭힘에 시달리다가 마침내 방법을 찾아낸 사람들이 알려주는 구체적인 제안이 등장할 것이다.

○ 나는 그 책의 일부를 처음부터 끝까지 읽었다.
– 새뮤얼 골드윈Samuel Goldwyn(영화 제작자)

〈연인을 떠나보내는 50가지 방법Fifty Ways to Leave Your Lover〉이라는 노래를 들어본 적이 있는가? 지금부터는 못된 사람을 다루는 50가지 방법을 접하게 될 것이다. 여유가 없더라도 틈틈이 읽을 수 있도록 각 장의 길이는 되도록 짧게 했다. 중간중간에는 구체적인 실천 계획Action Plan을 제시했다. 기본 원칙을 어떻게 실제 상황에 적용할 수 있을지 생각해볼 기회가 될 것이다. 가족이나 학생, 직원들과 토론할 때 유용하게 활용할 수 있는 질문 목록도 넣어두었다. 어디서부터 시작해야 할지 엄두가 나지 않아 논의하지 못했던 사안과 대면할 기회가 된다면 책을 쓴 사람으로서는 매우 기쁘겠다.

여전히 이 책에 대해 회의적이라고? 이해한다. 길게는 몇 년 동안이나 까다롭고 못 돼먹은 사람 때문에 괴로웠는데 책 한 권으로 상황이 바뀌리라는 생각은 얼른 들지 않을 것이다. 그러나 이 책에 담긴 아이디어 덕분에 인생이 바뀌었다고 말한 사람들이 꽤 많은 것은 분명한 사실이다. 열린 마음으로 책을 읽어주었으면 좋겠다.

자, 이제 팔짱을 낀 채 '이런 건 아무 소용 없을 거야'라고 생각하는 대신 '어떻게 가능할까?'라는 질문을 던져보자. 전설적인 미식축구 코치 빈스 롬바르디Vince Lombardi는 "이기고 있는 게임이라면 절대 손대지 말라. 단, 지고 있다면 변화가 필요하다"라고 했다. 지금까지의 노력이 성과를 거두지 못했다면 이 책이 제안하는 방법을 한번 시도해볼 만하지 않겠는가?

○ 퇴각이라니? 우리는 반대 방향으로 진군할 뿐이다!

— P. O. 스미스P. O. Smith(해군 제독)

위의 인용문을 기억해줬으면 좋겠다. 당신 앞의 상대가 위험하다고 본능적으로 판단된다면 스미스 제독의 말을 따라 반대 방향으로 진군하라. 자존심보다는 안전을 확보하는 것이 먼저이다.

정신 나간 운전자가 고속도로에서 갑자기 앞으로 끼어들었다면 그냥 내버려둬라. 목적지에 10초 늦게 도착한다고 해서 큰일이 나는 것은 아니다. 복수하겠다는 마음에 덩달아 속도를 내서 끼어들어 위험한 시합을 벌일 필요는 없다. 부적절한 행동에 눈감으라는 뜻은 아니다. 자칫 병원(혹은 영안실)에 눕게 될 상황을 맞기에 앞서 생각을 해보라는 것이다. 나중에 후회하는 것보다는 미리 머리를 굴리는 편이 낫지 않겠는가.

경우 없고 양심 없는 행동이 결국 득을 보는 것 같을 때 선량한 대다수의 사람들은 무력감과 절망감을 느낀다. 이 책에는 비윤리적인 사람이 선량하고 마음 약한 당신을 이용해먹지 못하도록 막아낼 방법, 그러면서 당신 스스로의 윤리도 지킬 수 있는 방법이 차곡차곡 정리되어 있다. 못된 사람이란 대체 누구인지, 못된 사람들은 왜 그렇게 행동하는지, 어떻게 못된 사람의 막말을 막을 수 있을지 배울 준비가 되었다면 페이지를 넘겨라. 그리고 읽고, 승리하라.

여성 운동가 앨리스 워커Alice Walker는 이렇게 말했다.

"인간의 능력과 인간의 잔인함의 무게는 같다. 그리고 그 균형을 깨뜨리는 것은 우리 각자의 몫이다."

절실한 상황이라면 방법은 꼭 있게 마련이다.

허브 캔Herb Caen(칼럼니스트)

1부

게임의 규칙이라고는
모르는 사람

01 내가 아는 그 사람은
못된 사람일까?

○ 종이 투구를 쓰고 나무토막 칼을 휘두르던 네 살 때 우리는
   모두 장군이었다. 하지만 몇몇은 끝내 그 모습에서 벗어나
   지 못한다.
                          – 피터 유스티노프Peter Ustinov(극작가 겸 배우)

"못된 사람 혹은 악질이라고 하면 뽀빠이 만화에 나오는
블루토 같은 사람이 떠올라요. 털이 잔뜩 있고 근육이 울퉁불
퉁한 그런 남자요. 그런 사람을 악질이라고 부르면 되나요?"

〈텅후〉 워크숍에서 한 여성 참석자가 던진 질문이다.

아니다. 우리가 생각하는 악질 혹은 못된 사람은 블루토
가 아니다. 체격이 우람하다거나 검은 옷을 차려입은 게 중요
한 것이 아니다. 어떤 체격이나 체형, 성별, 나이, 직업에 관
계없이 누구나 못된 사람이 될 수 있다. 아흔 살 먹은 할머니
도, 체면 차리는 장관님도 얼마든지 못된 사람일 수 있다.

못된 사람이란 주도권을 잡기 위해 남들의 권리를 의도적
으로 침해하는 사람이다. 이들은 치밀하고 지속적으로 깔보

기 혹은 조종하기 전략을 사용한다. 여기서 핵심적인 단어는 '의도적', '치밀함', 그리고 '지속적'이라는 말이다.

사람은 누구나 상황에 따라 까다로운 말과 행동을 할 수 있다. 하지만 못된 사람은 의도적으로 까다롭게 군다. 사람은 누구나 어쩔 수 없이 배려를 못 하거나 불쾌한 언행을 할 때가 있다. 하지만 못된 사람은 전략적으로 불쾌감을 안겨준다. 대부분의 사람들은 남들과 잘 지내기 위해 노력한다. 하지만 못된 사람은 윈윈이 아니라 혼자 승리하는 상황을 원하기 때문에 합당한 노력을 기울이지 않는다.

○ 악질은 벨트 아래를 공격한다. 그 아래를 치려 하지 않는 사람이라면 벨트를 보지도 못한다.

– 마고 애스퀴스Margot Asquith(작가)

다음 질문지는 당신의 상대가 정말로 못된 사람 혹은 악질인지 판정하기 위한 것이다. 상대가 벨트 아래를 치는 행동은 우연인가 아니면 의도적인가? 염두에 둔 상대가 여럿이라면 충분한 시간을 두고 각 사람마다 질문지를 작성하라. 질문에 나오는 행동의 빈도를 1(드물게), 3(가끔), 5(자주)로 나누어 표시하면 된다. 직관적으로 응답하라. 제일 먼저 떠오르는 답이 머리가 아닌 가슴에서 나온 솔직한 생각이기 때문이다.

못된 사람을 식별하기 위한 질문지

	드물게	가끔	자주		

1. 상대가 언제 폭발할지 몰라 살얼음판 위를 걷듯 조심
   조심 말하고 행동하는가? 1 2 3 4 5

2. 상대는 당신보다 우월한 듯 행동하는가? 당신을 무력
   한 사람처럼 대하는가? 1 2 3 4 5

3. 상대는 무엇이든 잘못되면 남들을 비난하는가? 1 2 3 4 5

4. 상대는 다수 앞에서는 공손하다가 일대일 상황에서는
   잔혹하게 변하는 지킬과 하이드 유형인가? 1 2 3 4 5

5. 상대가 당신을 주눅 들게 하는 위협적인 태도, 더 나아
   가 폭력적인 행동을 취하는가? 1 2 3 4 5

6. 상대가 대화를 독점하는가? 자기 외엔 아무도 입을 열
   지 못하게 하는가? 1 2 3 4 5

7. 상대가 경멸을 담은 호칭이나 욕설로 당신을 부르는가? 1 2 3 4 5

8. 상대는 (돈 문제, 식성, 여행 등에서) 자기 마음대로 결정
   하려 하고 이의를 제기하면 공격하는가? 1 2 3 4 5

9. 상대는 당신을 가족이나 친구로부터 떨어뜨려놓으려 하
   는가? 당신이 남들과 시간을 보내려 하면 화를 내는가? 1 2 3 4 5

10. 상대는 순교자인 척하면서 당신에게 죄책감이나 책임
    감을 안겨주는가? 1 2 3 4 5

11. 상대는 당신이 제대로 대응하지 못할 것을 알고 공개
    적으로 싸움을 걸거나 비판하는가? 1 2 3 4 5

12. 관계를 끝내겠다고 위협하면 태도가 달라졌다가 얼마
    후 다시 본래대로 돌아오는가? 1 2 3 4 5

13. 상대의 행동을 정면으로 비판하면 방어적인 태도를
    취하며 왜 자기를 괴롭히냐고 말하는가? 1 2 3 4 5

14. 약속을 깨고 말을 뒤집고 일을 망치는 등 사고를 쳐
    놓고는 그에 대해 지적하면 당신이 과잉 반응한다고 1 2 3 4 5
    비난하는가?

15. 그런 상대가 곁에 없을 때 당신은 행복한가? 1 2 3 4 5

총계 _____

함부로 말하는 사람과 대화하는 법

- 35점 이하: 상대는 못된 사람이 아니다. 가끔 상대의 기분을 상하게 할 수는 있지만 윈윈 대화를 시도한다면 그럭저럭 원만하게 지낼 수 있다.

- 36~55점: 상대는 가끔씩 악질적인 행동을 보인다. 필요할 때 대응의 강도를 높인다면 상대는 자기 행동이 부적절했음을 깨달을 것이다. 냉정을 유지하며 건설적으로 대화한다면 문제를 해결하고 관계를 복원해 앞으로 나아갈 수 있다.

- 56~75점: 안타깝게도 제대로 된 악질한테 걸린 셈이다. 가만히 있어서는 안 된다. 펜을 꺼내고 자리에 앉아 메모할 준비를 하라. 그리고 상대가 당신의 인생을 망가뜨리지 못하게 막을 계획을 수립해야 한다.

O 혼돈과 무질서, 공포가 만연했으니 내 일은 다 한 셈이다.
   ‒ 어느 티셔츠의 문구

자, 당신이 염두에 두었던 상대는 35점 이상인가? 그렇다면 이 책을 제대로 택한 셈이다. 앞으로 이 질문지에 언급된 행동 하나하나를 어떻게 해결하면 좋을지를 다룰 테니 말이다. 이 책은 일상에서 흔히 볼 수 있는 적당히 까다롭거나 까칠한 사람을 어떻게 다룰지에 대해 논하지 않는다. 그런 인간관계를 다룬 책들은 이미 넘쳐나는 상황이니 말이다. 그보다

이 책은 혼돈과 무질서, 공포감을 퍼뜨리는 극단적으로 어려운 상대에게 초점을 맞출 것이다.

워크숍에 참석했던 한 여성은 "어째서 그들은 그런 못된 행동을 하는 걸까요? 남에게 의도적으로 해를 입히려 하는 이유를 도대체 이해할 수 없어요"라고 말했다. 좋은 지적이다. 다음 장에서는 그들의 악질적인 행동 뒤에 무엇이 숨어 있는지 살펴볼 것이다. 그들이 어째서 그런 행동을 하는지 알고 나면 그들의 술수에 넘어가지 않고 균형을 잡을 수 있게될 것이다.

•• *Action plan* ••

- 당신 삶에서 힘들었던 상대를 떠올려보라. 그 사람은 악질적인 인물이었는가? 그렇다고 생각하는 이유 혹은 그렇지 않다고 생각하는 이유는 무엇인가?
- 그 사람은 위의 질문지에 나오지 않는 또 다른 파괴적인 행동을 했는가? 어떤 행동이었는가?
- 그 사람이 특히 자주 보이던 악질적인 행동은 무엇이었는가? 구체적으로 예를 들어보라.
- 이제 스스로에 대해 생각해보라. 당신에게도 악질적인 면이 있는가? 어떤 면인가?
- 당신도 때로는 악질적인 사람처럼 행동한다고 생각한다면 이 책을 읽고 행동을 개선할 의지가 있는가?

✖ 유해한 믿음/행동

의도적으로 남에게 상처 주기 '나를 만날 때마다 상대가 슬퍼지도록 만들어야지.'

해야 할 노력을 거부하기 '이건 내 방식이야.'

나만 이기고 싶어하기 "마음에 들지 않는다니 유감이군. 이대로 받아들이든지 아니면 포기해."

잘못을 인정하지 않기 "내가 아니라 당신이 잘못한 거야. 더 이상 당신 말은 안 듣겠어."

남의 권리를 침해하기 "당신 가족이 화를 낸다 해도 상관없어. 어쩔 수 없는 일이야."

폭력적인 상대를 자극하기 "이봐요, 자리에 앉으라니까요! 뒤쪽에서 안 보이잖아요!"

나도 모르게 남에게 상처 줄 수 있음을 알기 "그렇게 말하려는 의도는 아니었는데, 미안해서 어쩌지."

해야 할 노력을 하겠다고 마음먹기 "어떻게 해야 공정할지 생각해보자."

윈윈을 추구하기 "좋아. 여기에 동의한다면 저기서 좀 양보해주겠어."

잘못을 인정하기 '그런 일은 일어나지 않았어야 했는데. 두 번 다시 이렇게 하지 않겠어.'

남의 권리를 존중하기 "이 부분에서는 동의할 수 없지만 로마에선 로마법을 따라야지."

폭력적인 상대 앞에서는 반대 방향으로 진군하기 "45번에 앉은 손님한테 말 좀 해줄래요? 자기 맥주를 사방에 흘리고 있어서요."

의도적으로 남에게
상처를 주는 이유

○ 상대방이 한 행동의 이유를 이해하고 나면 납득할 수 있다.

– 지크문트 프로이트Sigmund Freud(심리학자 겸 신경과 의사)

'아는 것이 힘'이라는 말을 들어보았는가? 상대가 왜 그렇게 행동하는지 알면 상대의 전술에 말려들지 않을 수 있고, 그러면 당신도 힘을 발휘할 수 있다. 상대가 무엇을 원하는지 알고 나면 술수에 넘어가기보다 한발 앞서 대응할 수 있다.

악질적인 사람들이 누군가를 괴롭히는 이유는 여러 가지지만 대략 다음 네 가지로 압축된다. 1)자기의 열등감을 보상받기 위해, 2)양심의 가책이라는 것을 모르기 때문에, 3)자기 행동을 정당화하기 위해, 4)달리 행동할 방법을 알지 못하기 때문에. 당신이 상대해야 하는 사람이 어느 항목에 해당하는지 생각해보라. 사람에 따라서는 이 모든 이유를 다 가질 수도 있다.

다음 항목들의 '그렇다/아니다'에 표시하면서 읽어나가다

보면 어째서 상대가 그렇게 행동하는지 명확해질 것이다.

○ 자신을 긍정적으로 바라볼수록 남을 밟고 올라설 필요가 없
   어진다.   － 오데타Odetta(가수 겸 배우)

자존감이 낮은 사람이 남을 괴롭힌다는 설명은 고전적이
지만 여전히 유효하다. 상대의 난폭한 겉모습 안에는 늘 자신
을 남과 비교하며 열등감을 느끼는 '아이'가 숨어 있다. 이런
사람들은 남들이 자기보다 더 유능하고 인기를 누리거나 성
공한다는 느낌이 들면 견디지 못한다. 그리고 스스로의 발전
을 위해 노력하는 식으로 성숙하고 책임 있는 대응을 하는 대
신, 남들의 기분도 같이 망쳐놓음으로써 자신을 위로하는 미
성숙하고 무책임한 반응을 보인다. 이들의 공격적인 행동은
자신이 열등하지 않고 우월하다는 점을 세상에, 그리고 스스
로에게 증명하기 위한 것이다.

생각해보라. 자신감 있는 사람들은 자기 모습 그대로를
좋아한다. 이들은 유능해 보이기 위해 남을 깔아뭉갤 필요가
없다. 하지만 괴롭히는 사람들은 자신의 모습을 좋아하지 않
으며, 이를 보상받기 위해 다음과 같은 방법을 동원한다.

- 남의 잘못 찾기

남들의 잘못이나 단점을 찾는 데 주의를 집중함으로써 자신에 대한 고민을 회피한다. 만화 〈피너츠Peanuts〉에는 이를 잘 보여주는 장면이 나온다. 라이너스가 묻는다. "넌 왜 늘 그렇게 남을 비판하는 거니?" 이에 대해 루시는 "난 남들의 잘못을 찾는 버릇이 있을 뿐이야"라고 대답한다. "그럼 네 잘못은?"이라고 라이너스가 되묻자 루시는 "난 내 잘못은 무시하는 버릇이 있어"라고 받아넘기고 만다.

당신을 괴롭히는 상대는 취미 삼아서 당신의 잘못을 꼬치꼬치 따지고 드는가? 자신의 커다란 실수나 단점을 감추기 위해 당신의 사소한 잘못에 집중하는가? 그렇다____ 아니다____

- 통제권 잡기

토크쇼 〈래리 킹 라이브Larry King Live〉에 부동산 재벌 도널드 트럼프Donald Trump가 출연한 적이 있다. 트럼프는 자리에 앉자마자 천연덕스러운 표정으로 "제가 뒤로 좀 물러나 앉아도 될까요? 그쪽 구취가 좀 심하네요. 혹시 전에 그런 얘기 들어본 적 없어요?"라고 물었다. 래리 킹은 뒤로 물러나며 "아니, 없는데요"라고 대답했다. 트럼프는 의기양양한 표정으로 "아, 그러면 저도 그 얘기를 더 하지는 않겠습니다"라고 말했다.

섬뜩한 공격이 아닌가! 프로그램 제작자들은 트럼프가 협상에서 우위를 점하는 방법을 극명하게 보여주었다고 평가했다. 과연 그렇긴 하다. 트럼프는 수백만 시청자들이 지켜보는 가운데 토크쇼 진행자를 당황하게 만들었고, 이로써 주도권을 잡았다. 그는 진행자의 질문에 대답하기보다는 진행자가 자기 질문에 대답하게 만들고 싶었던 것이다. 대화의 기선을 잡은 후 트럼프는 말 그대로 토크쇼를 장악했다.

자, 당신이 만난 악질적인 상대에 대해 생각해보자. 그는 당신이 무엇을 보고 무엇을 할지, 어디로 가며 어떻게 생각할지 통제하려고 하는가? 그렇다____ 아니다____

• 이기고 싶어하기

워크숍에 참석했던 한 남성이 들려준 이야기이다.

"형은 동생인 제가 운동을 더 잘하는 건 있을 수 없는 일이라고 생각했어요. 저를 이기기 위해서라면 수단 방법을 가리지 않았지요. 마당에서 농구를 할 때면 제가 공을 넣지 못하도록 밀어 넘어뜨렸고, 체스를 둘 때면 판을 엎어버렸답니다. 함께 골프를 치다가 17번 홀쯤 되어 저의 승리가 확실해지자 형은 자기 골프채를 하나도 남김없이 연못에 던져버리기까지 했어요."

이 이야기가 보여주듯 못된 사람은 자기의 불리한 입장을 만회하기 위해서라면 수단 방법을 가리지 않는다.

이런 사람들이 상대를 넘어뜨리려는 이유는 남의 영광을 가만히 두고 보지 못하기 때문이다. 승리는 자기가 '최고'임을 가시적으로 증명해준다. 당신 인생에서 만난 최악의 상대는 패배를 끔찍이 싫어하는가? 언제나 자기가 가장 중요한 존재이며 승리하는 존재이고 싶어하는가? 그렇다____ 아니다____

· 기분을 망치는 독설 내뱉기

무언가에 대해 축하하고 있을 때 무리한 독설로 기분을 망치는 사람이 있다. 그의 독설은 분위기를 깨고 김새게 만든다. '불행은 친구를 좋아한다'라는 말을 들어보았는가? 못된 사람은 스스로 행복을 느끼거나 남의 행복을 축하하지 못하고 남들도 그런 감정을 느끼지 않기를 바란다. 당신 인생에서 만난 악질은 당신이 행복한 꼴을 두고 보지 못하는가?

그렇다____ 아니다____

워크숍에 참석한 한 여성은 전남편 이야기를 털어놓았다.

"이제야 전남편의 행동이 납득이 가는군요. 그 사람은 반드시 해야 할 일이 다 끝나야 놀러 갈 수 있다고 생각했어요. 저는 그렇지 않았기에 정기적으로 아이들을 공원이나 동물원, 수영장에 데리고 갔지요. 함께 가자고 하면 그 사람은 할 일이 남았다면서 늘 거절했어요. 그리고 신나게 웃고 떠들면서 집에 돌아온 우리 앞에서 '베짱이처럼 놀러 다니는 사람들 뒤에서 늘 뼈빠지게 책임을 다해야 하는 사람도 있는 법이지'라는 식으로 말을 해서 기분을 잡치게 했답니다. 돌이켜보면 함께 즐기지 못한다는 데 심술이 나서 일부러 그런 말을 했던 것 같아요."

• 사과하지 않기

못된 사람들은 절대로 미안하다고 사과하지 않는다. 이건 그들의 기본 철학이나 다름없다.

브루스 윌리스가 주연한 영화 〈키드〉에는 어린 시절로 돌아가 늘 자기를 괴롭히던 악동과 대면하는 장면이 나온다. 늘 겁에 질려 도망치던 과거의 모습과 달리 소년은 당당히 맞서 상대를 쓰러뜨린다. 수없이 자신을 모욕하고 상처 주었던 상대에게 소년이 요구한 것은 단 하나, 사과였다.

사과하는 행동이 어떤 이에게는 지배와 복종의 문제일 수도 있음을 보여주는 장면이다. 사과한다는 것은 '내가 틀렸어. 네 승리야!'라는 뜻이다. 못된 사람들이 그렇듯 세상을 무조건 대립 관계로 파악한다면 사과는 '한 사람은 올라가고 다른 사람은 내려가는' 상호작용이다. 그러니 그들은 당연히 사과를 거부하지 않겠는가! 자기가 약하다는 점을 인정하면 스스로 불리한 처지에 놓이게 될 테니 말이다.

당신이 상대하는 사람도 불리한 입장에 놓이는 것을 싫어해 절대 사과하지 않으려 드는가?   그렇다_____   아니다_____

03   보상받는 행동은 반복된다

◯ 나와 상관없다면 그건 중요하지 않다는 걸 언제쯤 깨달을
  거야?

  — 캔디스 버건Candise Bergen, 시트콤 〈머피 브라운Murphy Brown〉의 대사

과거의 잘못에 대한 죄책감 때문에 느끼는 괴로움을 양심의 가책이라 한다. 그런데 악질 노릇을 하는 사람들은 대부분 양심의 가책을 제대로 느끼지 못한다. 자기 행동을 점검하고 그것이 공격적이라고 여겨지면 다른 대안을 택하는 도덕적 판단력이 아예 없다는 뜻이다. 자기가 남에게 입힌 고통에 대해 생각하지 못하고 설사 생각한다 해도 크게 신경을 쓰지 않으며, 나아가 남의 고통을 즐기기까지 하는 이 못 돼먹은 상대가 자발적으로 변화하기란 거의 불가능하다. 절망적인 기분이 드는가?

그러나 이 책에서는 당신이 못된 사람을 대하는 방식을 바꿈으로써 어떻게 변화를 유도할 수 있는지 설명할 것이다.

그들은 어째서 양심의 가책을 느끼지 못하는 걸까? 그 이유도 다양하다. 하나하나 살펴보자.

· 오만함

미국의 소설가 고어 비달Gore Vidal은 "내 말을 따른다면 인간 세상에 해결하지 못할 문제란 없다"라고 말한 바 있다. 역설적이지만 악질적인 사람들은 열등감을 느끼면서도 다른 한편으로는 자신이 누구보다도 똑똑하고 현명하다고 믿는다. 남들의 무능력이나 서투름을 참지 못한다. 그리고 거만한 태도로 '열등한 사람들'에게 일 처리 방법을 훈계하는 버릇이 있다. 자신이 가장 잘 아는 사람이기 때문이다. 그들은 '내가 무례한 게 아니야. 당신이 열등할 뿐이지'라고 믿는다.

당신이 상대하는 사람도 당신 머리 위에 군림하려 드는가? 당신의 의견이나 바람은 중요하지 않다고 무시하는가?

그렇다____ 아니다____

· '우주의 중심' 증후군

한 교사의 경험을 들어보자.

"제가 맡은 초등학교 1학년 학급에 악동이 하나 있어요. 마음에 드는 것이 있으면 다 자기가 가지려 하죠. 싫다는 말을 들으면 바로 주먹이 나가요. 그래서 부모님을 학교에 오시게 했는데 그 악동이 어떻게 탄생했는지 단박에 알겠더군요. 둘 다 심리학자라는 아이의 부모는 '우리는 아들에게 안 된다는 말을 하지 않아요. 창조적인 자유를 제한하고 싶지 않아서요'라고 말하지 않겠어요?"

충격적인 교육 철학 아닌가? 그 교사가 "아드님이 해서는 안 될 일을 했다면 어떻게 하시겠어요?"라고 묻자 부모는 아무렇지도 않다는 듯 "다른 곳으로 관심을 돌리게 하지요"라고 답했다고 한다. 그 아들이 그렇게 버릇없이 큰 것도 당연한 일이었다. 규칙도 경계도 없이 살아왔던 것이다. 그러니 자기 외에 다른 사람의 감정을 고려할 필요가 전혀 없었던 셈이다.

당신이 상대하는 사람도 계속해서 자기 입장과 감정만을 강조하는가? 당신이 자기 앞을 가로막으면 참지 못하고 끝까지 자기 방식만 고집하는가?   그렇다____ 아니다____

• 부정적인 결과를 알지 못하는 것

못된 사람들은 잘못된 행동을 해도 책임지지 않는 일이 많다. 더 큰 소동이 일어날까 봐 주변 사람들이 그냥 넘어가주기 때문이다. 그러면 그들은 '잘못했을지는 모르지만 효과적'이라는 결론을 내리게 되고 그런 행동을 반복한다. 그 후로도 여전히 아무도 제지하지 않는다면 그 악질적인 행동에는 실보다 득이 많다고 믿게 된다. 처음에는 약간의 가책이라도 느꼈을지 모르나 보상이 위험부담보다 큰 만큼 그런 감정은 곧 사라진다.

흔히 '양심이 삶의 지표가 되도록 하라'고들 한다. 하지만 이런 사람들은 양심이 없기 때문에 결과를 지표로 삼고, 부정적인 결과가 없으면 자기 방식을 바꿀 생각을 하지 않는다. '보상받는 행동은 반복된다'는 말을 들어보았는가? 악질적인 행동이 이렇다 할 제지나 도전을 받지 않는다면 곧 보상을 받는다는 의미이고, 이는 그 행동이 계속 반복된다는 뜻이다.

당신이 만난 악질적인 사람도 벌을 받거나 책임지는 경험을 해보지 못했는가?   그렇다____   아니다____

• **심리적, 생리적 문제**

정신적 혹은 신체적 질병 때문에 자신의 일탈 행동을 인식하지 못하거나 무감각해진 사람들도 있다. 또한 조울증이나 치매가 있으면 의도와 달리 심술궂은 행동이 나오기도 한다. 반사회적 성격장애 환자는 감정적으로 무감각해서 타인에게 공감하는 능력을 갖지 못한다. 심한 고통을 받는 사람들도 대부분 자기 고통 외에는 아무것도 생각하지 못한다.

여기서 어느 간호사의 말을 들어보자.

"사교적이고 다정했던 여성도 출산의 고통이 극에 달하면 고함을 내지르며 남을 원망할 수 있어요. 일순간 세계가 확

줄어들면서 오로지 자기 고통만 생각하게 되는 거지요. 그래서 저는 환자 가족들에게 환자의 말이나 행동에 상처받지 말라는 당부를 하곤 합니다. 사실 환자들은 일시적으로 다른 사람이 되어버리는 셈이거든요."

알코올이나 마약에 취한 상태에서도 자기 행동의 공격성을 판단하지 못할 수 있다. 약품 사용상의 주의사항을 보면 감정적 기복이나 과민 반응을 경고하는 경우가 종종 있다. 행동을 관장하고 통제하는 두뇌 메커니즘이 일시적으로 손상되는 것이다.

당신을 괴롭히는 상대가 정신적·신체적 상태 때문에 자기 행동의 부적절함을 인식하지 못할 가능성이 있는가?

그렇다____ 아니다____

상대는 약물이나 알코올을 남용하는가?

그렇다____ 아니다____

만약 그렇다면 상대와 맞서기 위해 전문가의 도움이 필요할지도 모른다.

04   나를 무서워하는 걸 보면
기분이 좋다?

○ 나는 억압하는 입장과 억압당하는 입장을 모두 경험했다.
그리고 단연코 억압하는 입장이 더 좋았다.

– 맬 행콕Mal Hancock(만화가)

어떤 사람들은 자신이 악질적으로 행동할 권리를 가졌다
고 확신한다. 이들이 내세우는 대표적인 이유는 다음과 같다.

• 힘들었던 성장기
코미디언 에디 캔터Eddie Cantor는 이렇게 말했다.
"공개수배 대상자 명단을 볼 때마다 나는 생각한다. 우리
가 진작 그 사람들을 그렇게 애타게 찾았다면 절대 공개수배
범은 되지 않았으리라고."
1987년, 핀란드의 한 대학 연구진은 폭력의 원천에 대해
조사했고, '극단적인 거부와 학대의 상황에서 잔인성과 가학
증이 발현된다'는 결론을 내렸다. 성장기에 악질적인 사람에

게 당하면서 자란 사람은 자신이 받았던 고통을 고스란히 남에게 주면서 안도감과 쾌감을 얻는 것이다.

'힘이 곧 정의'인 환경에서 자란 사람들은 어른이 된 후 이제 자기 차례가 왔다고 생각한다. 영국의 조지 5세조차 "우리 아버지는 어머니를 무서워했다. 나는 아버지가 무서웠다. 그리고 이제 내 자식들이 나를 무서워하는 걸 보면 기분이 좋다"라고 말한 적이 있다.

당신이 맞서야 하는 못된 사람은 이런 식의 악질 재생산 구조에서 나온 산물인가? 자기가 예전에 받았던 대로 남에게 되돌려주고 있는가?   그렇다____ 아니다____

• 분풀이 심리

자신에게 고통을 안겨준 사람과 직접 대면하기가 두려운 나머지 막 대해도 되는 쉬운 사람을 골라 분노를 해소하는 사람이 있다. 어느 초등학교 상담 교사는 그런 일이 매일같이 일어난다고 설명했다.

"아버지가 직장 상사에게 된통 당했다고 합시다. 상사에게 분풀이를 할 수는 없으니 집에 와서 아내를 닦달합니다. 그럼 기분 상한 아내가 아들을 야단치지요. 아들은 여동생을 괴롭힙니다. 여동생은 학교에 새로 전학 온 친구를 괴롭히는 식입니다. 이런 아이들은 자기 행동이 옳지 못하다고 생각하지만 스트레스를 감당할 수 없는 탓에 자기보다 약한 상대를 골라 괴롭히면서 긴장을 해소하는 것입니다."

당신 곁에 어슬렁거리는 못된 사람도 자기 불만의 진짜 원인을 대면할 자신이 없어 애꿎은 당신을 상대로 분풀이를 하는 것은 아닌가? 그렇다＿＿ 아니다＿＿

• 최선의 방어는 공격이라는 생각

굳이 악질이 될 생각까지는 없었지만 '비정한 세상에서' 살아남기 위해 악질 노릇을 하게 된 사람들도 있다. 한 여성의 말을 들어보자.

"남자들 틈에 둘러싸여 일하는 상황에서는 계속 시험을 당하게 됩니다. 먼저 치고 나가지 않으면 늘 깔리고 말아요. 결국 자신을 지키려면 공격적으로 변할 수밖에 없어요. 하지만 문제는 이제 그 성향을 되돌릴 수 없다는 것이지요."

당신이 맞서야 하는 사람도 이처럼 '최선의 방어는 공격' 이라 생각하는 유형인가? 그렇다＿＿ 아니다＿＿

O 무엇이 인간적인지 가르칠 필요는 없다. 무엇이 비인간적인
    지를 가르쳐야 한다. – 엘드리지 클리버Eldridge Cleaver(흑인 인권 운동가)

클리버의 말에 한마디 덧붙이자면 나는 남과 소통하는 방

법을 가르쳐야 비인간적으로 되지 않는다고 생각한다. 살아오면서 악질적인 사람들만 겪은 사람은 다른 소통 방법을 알지 못한다. 제대로 된 역할 모델이 없었던 탓에 '사이좋게 노는 법'을 익히지 못한 것이다. 더욱이 그런 사람들은 자신이 고수해온 기존 방식을 바꾸기 어렵다. 독단적인 행동 방식에 익숙해진 탓에 실패를 쉽사리 인정하지 못하고, 결국 자신을 낮춰 도움을 요청하기보다는 못된 사람 노릇을 계속하는 것이다. 자고로 안전지대에서 나오는 것보다는 현상 유지가 쉬워 보이는 법이다.

내 산책길 친구는 동네 주민 대표회의 한 사람이 딱 그런 유형이라고 설명했다.

"그 여자는 일을 망치는 걸 좋아하는 것 같아. 아니, 일을 망치기 위해 사는 것처럼 보여. 부정적인 평가가 무관심보다는 훨씬 좋다고 생각하는 모양이야. 늘 해결해야 하는 문제를 찾아내지. 회의를 끝내려 하면 꼭 다른 문제를 들고 나오거든.

결국 나는 그 여자가 삶이 외롭고 공허해서 그러는 것이라고 결론을 내렸어. 주민 대표회가 아마 유일한 소일거리인가 봐. 그런데 문제는 그 여자가 사람 대하는 법을 모른다는 거지. 늘 그렇게 흥분하고 펄펄 뛰는 건 그래야만 주목을 받을 수 있다고 믿기 때문인 것 같은데, 안타깝게도 그런 모습 때문에 모든 사람들이 고개를 절레절레 흔들고 말거든. 결과적으로는 더 외로워지는 거야.

주민들은 혹시 길에서 그 여자를 마주칠까 봐 조심하지. 그 여자는 아마 백만 년이 지나도 스스로를 악질이라고 생각하지 못할 거야. 자기 외로움의 원인이 스스로에게 있다는 생각도 물론 못 할 테고."

어디서 많이 들어본 얘기인가? 당신 주변의 못된 사람도 사회적 소통 능력의 부족 때문에 스스로를 외톨이로 만들고 있는가? 그러면서도 자기를 희생양으로 여기는가? 나아가 자신은 이렇게 부당하게 괴롭힘을 당하는 만큼 남들에게 가혹하게 대해도 된다고 믿고 있는가? 그렇다____ 아니다____

○ 자기의 현재 모습을 정당화하기 위해 실제 겪었던 고통 혹은 상상 속의 고통에 매달리는 사람들이 있다.
　－ 릴리언 헬먼Lillian Hellman(극작가)

위에 열거된 악질적인 행동의 이유를 읽으면서 "아, 그래서 그랬구나!"라는 말이 저도 모르게 튀어나왔는가? 이렇게 상대의 행동을 정확하게 파악할수록 상대의 목적을 꺾어놓기도 쉬워진다.

예를 들어 유치원 교사로 일하는 줄리는 못된 사람들의

행동 동기를 이해함으로써 그 싹을 잘라버렸다. 직업이 직업인 만큼 줄리는 버릇없는 막무가내 어린이를 다루는 솜씨가 탁월하다.

어느 날 처음으로 유치원에 온 남자아이가 있었다. 어머니가 서류 작성을 하는 동안 아이는 장난감 상자에 있는 플라스틱 야구배트에 관심을 보였다. 아이는 곧장 장난감 상자로 걸어가 배트를 집어 들고 몇 번 휘둘러보더니 옆에 있던 아이들을 마구 때리기 시작했다. 줄리는 조용히 다가가 "안 돼!"라고 단호하게 말한 뒤 배트를 빼앗아 장에 집어넣고 문을 잠갔다.

아이는 바닥에 누워 뒹굴며 울고 떼를 썼다. 놀란 어머니가 달려와 배트를 돌려달라고 부탁했다. 아들이 처음부터 다른 아이를 때리려고 했던 것은 아니며 자기 행동이 나쁘다는 것을 알기에는 너무 어리다고 하면서 말이다. 줄리는 어머니를 바라보면서 단호하게 한마디 했다.

"그렇다면 이제부터는 알아야지요."

브라보! 줄리는 그 순간 그 아이가 장차 못된 사람으로 자라날 수 있는 싹을 잘라낸 것이다. 아이는 그때까지 원하는 것이 있으면 소란을 피워 부모가 두 손 들게 하면 된다고 생각했을 것이다. 하지만 줄리는 결과에 책임을 져야 하는 세계로 아이를 인도했다. 아이가 이후에 만나게 될 사람들에게는 고맙게도 말이다. 줄리는 아이의 전술을 꿰뚫어 보았고 거기에 넘어가지 않았다. 그런 행동을 당장 중단시키지 않으면 어떻게 될지 분명히 알았기에 타협의 여지도 두지 않았다.

이 사례를 보면 우리가 우리 자신도 모르는 사이에 악질적인 사람의 잘못된 행동에 기여해왔음을 깨닫게 될 것이다. 다음 장에서는 우리가 가진 기본적인 믿음에 대해 점검할 것이다. 어쩌면 우리는 이 사례에 등장하는 아이 엄마처럼 악질적인 행동에 기름을 붓고 있는 자신을 발견할지도 모른다.

◦● *Action plan* ●◦

- 당신을 힘들게 하는 상대가 어떻게 악질적인 사람이 되었는지 감을 잡았는가? 상대는 어떤 유형인가?
- 당신이 상대하는 사람의 행동 이면에 숨은 요인을 두 가지 꼽아보라. 그리고 그 요인들이 어떻게 악질적인 행동과 연결되는지 설명해보라.
- 당신 자신에게는 그런 요인이 없는가? 있다면 어떤 요인인가? 왜 그런 성격을 갖게 되었는가?
- 상대가 어째서 그런 행동을 하는지 짐작하게 되니 상대에 대해 조금 다른 감정이 느껴지는가?

✖ 유해한 믿음/행동

열등감을 느끼며 애써 자기과시 하기 "실수투성이야. 당신은 일을 엉망진창으로 만들었어."

통제하려는 압박감 느끼기 '내가 처리해야겠어. 안 그러면 제대로 되지

않을 테니까.'

승리하고 싶은 욕망 불태우기 "어째서 당신한테 책임을 맡겼는지 모르겠어. 당신은 이걸 맡을 사람이 못 돼."

오만하게 굴기 '일을 제대로 처리할 수 있는 사람이 어째서 나쁜 거야?'

양심의 가책 느끼지 않기 '아무도 나를 배려하지 않았는데 어째서 나는 남들을 배려해야 하지?'

부정적인 결과에 대한 양심의 소리에 아랑곳하지 않기 '이 사람들은 좀 괴롭혀도 아무 문제 없어. 바보들이니까!'

악질적인 행동 정당화하기 '난 너무나 오래 괴로움을 겪어왔어. 이제는 저 사람 차례야.'

다른 방법에 대해 고려하지 않기 '내 앞을 막아서지 마! 어서 비키라고!'

✚ 유익한 믿음/행동

자신감과 안정감 느끼기 "어떻게 개선할 수 있을지 이야기해봅시다."

통제권 공유하기 "일을 나눠서 하면 오늘 안에 끝낼 수 있어요."

'윈윈' 추구하기 "우리 함께 제대로 해봅시다."

자신감을 가지고 잘못을 인정하기 "제 잘못입니다. 지시 사항을 분명히 하지 않았기 때문이에요."

책임지기 '농담이었지만 다른 사람이 상처를 입었으니 사과해야겠어.'

양심에 따라 행동하기 "당신들한테 화낼 일이 아니었어요. 미안합니다."

확신을 가지고 행동하기 '저 사람의 행동이 옳지 않다는 걸 분명히 알게끔 해야 해.'

다른 방법 학습하기 '대인관계 기술을 가르쳐주는 교육 과정에 등록해야겠어.'

05 배려할수록 더 나빠지는 경우

○ 우리가 당면한 중요한 문제들은 그 문제가 만들어졌을 때의
  사고 수준으로는 해결할 수 없다.
  – 알베르트 아인슈타인Albert Einstein(물리학자)

지금까지의 방식대로 못된 사람에게 맞서는 것은 소용이
없다. 결국 효과를 거두지 못할 것이다. 문제는 우리가 여전
히 이상적인 생각에 매달려 있다는 것이다. 그러나 사람이라
면 이렇게 행동해야 되지 않겠냐는 그 믿음은 유사시 제대로
대응하는 데 방해가 될 수 있다. 기대와는 다른 행동에 맞닥
뜨릴 때 감정적인 충격을 받기 때문이다.

지금부터는 상황을 악화시키는 몇 가지 이상적인 기대를
정리하고, 못된 사람을 대적하기 위해 그 기대를 어떻게 바꿔
야 할지 알아볼 것이다. 사람들에 대해 가진 뿌리 깊은 믿음
이 혹시라도 못된 상대를 제압하는 당신의 능력을 손상시키
지 않는지 확인해보라.

○   기대는 미래의 실망으로 이어진다.   – 앤 라모트Anne Lamott(작가)

깨달음은 좀 더 현실적이고 의미 있는 방식으로 대상에
접근하도록 해준다. 순간적으로 마음이 열리는 것이라고 할
까? 다음에 소개하는 기대와 깨달음의 목록은 당신이 더 이
상 남에게 휘둘리고 이용만 당하는 존재가 되지 않도록 도와
줄 것이다.

- 이상적 기대: 내 쪽에서 배려하면 상대도 나를 배려한다.
- 현실적 깨달음: 못된 사람은 배려하면 할수록 더 못되게 군다.

블레즈 파스칼Blaise Pascal은 이렇게 말했다.

"친절한 말은 상대를 달래고 편안하게 한다. 잔혹함이나
불친절도 없애버린다. 우리는 아직까지도 친절한 말을 충분
히 사용하지 못하고 있다."

글쎄…… 가끔은 정반대일 수도 있다. 대부분의 경우 파
스칼의 지적은 옳지만 상대가 악질이라면 아무리 친절하게
말해봤자 허사다. 악질적인 사람은 자기보다 약한 사람을 골
라 습관적으로 잔인하게 군다. 힘센 사람은 절대 고르지 않는
다. 하늘이 두 쪽 나도 반격할 수 없는 약한 사람, 악질에게는
바로 그런 사람이 가장 적당한 사람이다. 그런 사람은 나쁜

대접을 받더라도 늘 친절한 태도를 유지할 테니 말이다.

심리학자인 친구는 내게 "우리의 장점을 극단까지 끌고 가면 약점이 된다"고 충고한 적이 있다. 사교적이고 사람을 좋아한다는 장점의 극단은 혼자 있는 시간을 못 견디는 것이다. 평소 주변 사람의 배꼽을 빼놓는 유머 감각의 극단은 늘 재치를 발휘해야 한다는 강박적 조증_{躁症} 성향일 것이다.

친절이라는 장점도 극단으로 가면 감정적인 아킬레스건이 된다. 윌리엄 블레이크_{William Blake}가 말했듯 "황금률을 늘 지키다 보면 결국 바보로 전락하고 만다". 상대를 쥐고 흔들려고만 하는 사람에게 도덕적으로 접근했다가는 만만하다는 평가를 받을 뿐이다. 호혜성을 추구하는 보통 사람들과 달리 악질적인 사람들은 일방적인 지배를 원하기 때문이다.

교양 있는 인간으로서 최고의 덕목이 오히려 역효과를 낸다니 당황스러운가? 선한 의도를 이용하려 드는 상대에게 어떻게 대응해야 할지는 앞으로 순차적으로 제시하게 될 테니 마음을 놓아도 좋다. 일단 지금은 당신의 호의가 거꾸로 이용당할 수 있다는 점만 기억하자.

침묵은 허용의 의미일 수 있다

○ 무언가를 향해 앞으로 나아가는 그때, 우리는 진정 살아 있
   는 상태이다.   – 윈프레드 로즈Winfred Rhoades(작가)

   • 이상적 기대: 침묵은 금이다.
   • 현실적 깨달음: 침묵은 악질적인 사람의 기를 더욱 살려준다.

   미국의 30대 대통령 캘빈 쿨리지Calvin Coolidge는 "내가 하
지 않은 말에 대해서는 한 번도 후회한 적이 없다"라고 했다.
쿨리지의 말을 비롯해 침묵의 미덕을 강조하는 금언들은 흔
히 일반화되곤 한다. 나아가 '무응답이 때로는 최고의 응답이
다'라는 조언까지 나오고 있다.

   실제로 의견 대립이 한창 뜨거운 순간에 입을 다무는 것
은 한 걸음 물러서서 생각할 수 있기에 현명한 행동인 것이
사실이다. 혀를 붙잡아 묶음으로써 훗날 후회할 수도 있는 말
을 하지 않게 되니 말이다.

함부로 말하는 사람과 대화하는 법

하지만 상대가 악질적인 사람이라면 다르다. 그는 한쪽 뺨을 때린 후 반대쪽 뺨까지 때리려 들 수 있다. 악질적인 사람들은 자기 행동을 돌이켜보지도 않고 잘못을 깨닫지도 않는다는 점을 기억하라. '이 사람을 이렇게 대해서는 안 되는데. 나중에 사과해야겠다'라고 반성하는 대신, '됐어! 막 대했는데도 항의하지 못하는군. 그럼 계속 이렇게 하면 되는 거지?'라고 생각하는 것이다.

자, 이제부터는 침묵이 허용의 의미일 수 있다는 점을 기억하자. 명확한 말로 경계를 설정해주지 않으면 악질적인 사람들은 계속 우리의 감정 영역을 치고 들어온다. 당신도 상식 이하의 상황에서는 정신이 멍해지고 입술이 딱 붙어버리는 유형인가? 그렇다면 앞으로 소개할 방법을 통해 그런 난감한 순간에 어떻게 말해야 할지 배울 필요가 있다.

- 이상적 기대: 경청은 이해를 증진시킨다.
- 현실적 깨달음: 경청은 계속 무시당하게 만든다.

정치인 딘 러스크Dean Rusk는 남을 설득하는 최고의 방법은 귀를 기울여주는 것이라 했다. 상대의 입장에서 상황을 파악해야 한다는 러스크의 주장은 정상적으로 의사소통을 하는 데 핵심적인 요소이다. 하지만 이는 상대방 역시 호혜적 이해를 추구하는 경우에만 유효하다.

가령 악질적인 사람에게 섣불리 공감 어린 관심을 보였다가는 주도권까지 빼앗길 수 있다. 이것은 얼마든지 우리 마음과 시간을 사용하라는 백지수표를 던져주는 것이나 다름없다.

자녀 교육에 대한 책을 쓰기도 한 의사 제이컵 애저러드 Jacob Azerrad는 부모들이 자녀의 좋은 행동보다는 나쁜 행동에 더 관심을 기울이는 것이 문제라고 지적한다. 이는 '고함을 지르거나 물건을 던져대는 등 소란을 피우는 아이들을 달래고 보살피라고 조언하는' 아동 교육 전문가들 탓이라는 것이다. 부모들이 그 바보 같은 조언에 충실할수록 자녀들의 행동은 더 나빠진다. 요컨대 부모는 자녀가 자기 마음에 들지 않는 상황에 놓였을 때도 침착하게 대처할 수 있도록 교육하는 게 옳다는 것이다.

내 생각도 같다. 마음에 맞지 않는다고 자기 마음대로 성질을 부리는 사람에게는 적절한 교육이 필요하다. 그 말에 언제까지나 귀를 기울이는 대신 유치하고 불쾌한 행동을 더는 보아 넘기지 않겠다는 의사표시를 해야 한다.

- 이상적 기대: 울음은 감정을 진정시킨다.
- 현실적 깨달음: 울음은 더 많은 감정을 이끌어낸다.

영국의 정치인 겸 문인인 벤저민 디즈레일리Benjamin Disraeli는 "슬픔은 순간적이다. 하지만 슬픔에 매달리면 인생을 망치게 된다"라고 했다. 못된 사람을 상대하면서 내가 배운 가장 큰 교훈 중 하나는 정도를 넘어선 울음이 우리를 나약하게 만든다는 것이다.

아무렇지도 않게 약속을 어기고 법원 결정을 무시하는 어떤 사람의 행동을 보면서, 그리고 공권력이 아무런 도움도 주지 못하는 상황을 겪으면서 나는 몇 개월 동안 충격에 빠져 있었다. 나를 무너뜨리려는 상대의 의도는 거의 목적을 달성했다. 나는 많은 시간을 전화기를 붙잡고 친한 친구들에게 하소연하며 조언과 위로, 공감을 구하는 데 골몰했다.

핵심은 내가 스스로를 하염없이 불쌍하게 여겼다는 것이다. 결국 내 좌절감이 충분한 근거를 가졌음에도 여동생은 내게 남들의 동정을 구하는 태도가 문제를 계속 악화시키고 있다는 충고를 하기에 이르렀다. 동생 말이 옳았다. 도를 넘어선 자기 연민은 악질–희생자 관계를 영속화할 뿐이다.

눈물은 영혼의 안정제라고, 마음을 씻어 내리는 빗줄기라고들 한다. 울음은 분명히 슬픔을 배출시키는 건강한 방법이다. 믿을 만한 친구나 상담 치료사 앞에서 한바탕 눈물을 쏟고 나면 우리의 마음은 한결 개운해진다.

하지만 "불행에 머무르는 시간이 길어질수록 그 불행의

힘은 강해진다"라는 볼테르Voltaire의 말을 기억할 필요가 있다. 울음은 상처 입은 상태를 계속 유지시킨다. 울고 난 후에는 눈물을 닦고 새로 시작해야 한다. 악질적인 사람이 안겨준 고통을 아파한 다음에는 힘을 모으고 자존감을 회복해야 한다. 상황에 대해 끝도 없이 불평하기를 그만두고 이제 무엇을 할 수 있을지 계획을 세워야 할 때다.

07 희생자 역할은 결국 자청하는 것이다

○ 사람들은 당신이 가르쳐준 대로 당신을 대한다.

― 잭 캔필드Jack Canfield(카운슬링 전문가)

- 이상적 기대: 나쁜 행동을 한 사람이 문제 해결의 책임을 져야 한다.
- 현실적 깨달음: 나쁜 행동의 피해자가 문제 해결의 책임을 진다.

그렇다. 설사 벌어진 상황이 우리 잘못 때문이 아니라 해도 책임은 인정해야 한다. 부당하다고 느끼는가? 하지만 이를 빨리 인정할수록 마음도 편할 것이다.

책임지기가 왜 그렇게 중요한지 궁금한가? 희생자란 결국 자청하는 역할이기 때문이다. "아니, 무슨 소리예요? 아무 죄 없이 학대당하는 아이가 학대를 자청한 건 아니잖아요"라고 말하고 싶을지도 모르겠다. 물론 그렇다. 학대당하는 아이는 그 상황에 책임이 없다.

어른도 이런 경우가 있다. 〈텅후〉 워크숍에 참석한 한 남성의 말을 들어보자.

"전 음주운전 사고를 당했어요. 제가 그 상황을 자초했다고는 절대로 말할 수 없겠지요. 신호등이 초록색으로 바뀌기를 기다리는데 술 취한 운전자가 모는 차가 뒤에서 절 들이받았으니까요. 3주나 병원에 입원해야 했고, 퇴원한 뒤에도 열 달이나 물리치료를 받았어요. 차는 완전히 망가졌고요. 가해 운전자는 보험도 없었기 때문에 몇 시간 동안 전화를 붙잡고 말싸움을 벌이기까지 했단 말입니다. 그런데 저한테 책임이 있다니요?"

혼동하지 않기를 바란다. 나는 못된 사람이 우리 인생에 들어온 것에 대해, 그리고 그로 인해 발생한 일에 대해 우리에게 책임이 있다고 말하는 게 아니다. 다만 발생한 일을 처리하고 해결하는 책임을 져야 한다고 말하는 것이다. 불행한 사태를 일으킨 것은 우리 자신이 아니지만 그렇다고 상대가 반성하고 해결에 나설 것이라 기대할 수는 없다. 사실 그런 일은 거의 일어나지 않는다.

명상 수행 전문가 샐리 켐튼Sally Kempton은 "머리 꼭대기에 올라앉은 적과 싸우기는 어렵다"라고 했다. 잘못된 행동을 한 사람이 스스로 알아서 일을 해결하기를 기다린다면 이는 우리 마음의 평화를 상대방에게 맡기는 것이나 다름없다. 사건이 끝나고 가해자가 눈앞에서 사라졌다고 해도 우리 마음에는 그 상흔이 여전히 남아 있다. 우리의 정신 건강을 회복하려면 앞으로 나아가야 한다. 그리고 그렇게 나아가는 동안에는 아무리 상황이 어렵더라도 그것을 자신을 담금질하는 기회로 봐야 한다.

누구나 살다 보면 십자가를 지게 된다. 억울하고 힘든 일을 겪어야 할 때가 있는 것이다. 감동적인 강연으로 유명한 W. 미첼W. Mitchell에 따르면 그런 순간에 선택할 수 있는 길은 두 가지이다. 더 이상 할 수 없는 일에 계속 초점을 맞추거나 아니면 여전히 할 수 있는 일에 초점을 맞추는 것이다.

미첼의 말은 자신의 경험을 바탕으로 하기에 더욱 와닿는다. 어느 날 오토바이를 타고 샌프란시스코 시내를 달리던 미첼은 갑자기 끼어든 트럭과 충돌했고 화상을 입었다. 손가락이 다 없어지고 얼굴이 망가지는 치명적인 사고였다. 하지만 낙관론자인 미첼은 재기해 콜로라도주 작은 시의 시장이 되었고, 의회 선거에도 출마했다.

그리고 불과 몇 년 후, 전용기를 몰던 미첼은 다시 비행기 사고를 당했다. 승객들은 모두 탈출시켰지만 자신은 빠져나올 시간이 없었다. 이번에는 허리 아래가 마비되는 중상을 입었다.

그렇게 큰 사고를 두 번씩이나 당하고 나면 대부분의 사람들은 삶을 포기해버릴 것이다. 그러나 미첼은 그렇게 하지 않았다. 오늘날 그는 서른 개가 넘는 나라를 돌아다니며 수천만 명의 사람들을 앞에 두고 강연을 한다. 그리고 중요한 것은 "어떤 일이 일어났는지가 아니라 그 일에 우리가 어떻게 대처했느냐"라고 설명한다.

시련이 다가와 우리를 넘어뜨렸을 때 우리는 넘어진 그대로 주저앉아 언제까지나 속상해하고 원통해할 수 있다. 아니면 있는 힘을 다해 떨쳐 일어나 자신을 다잡고 교훈을 얻어 앞으로 나아갈 수도 있다. 헤밍웨이의 말처럼 "세상은 모두를 무너뜨린다. 그러나 많은 이들이 그 무너진 자리에서 강하게 거듭난다".

○ 내가 피곤해서 자리를 양보하지 않은 거라고들 하지만 그건 틀렸어요. 내가 지쳤다면 양보하는 데 지쳤던 것뿐이지요.
　— 로자 파크스Rosa Parks(백인에게 버스 좌석을 양보하지 않음으로써 흑인 인권 운동에 불을 붙인 인물)

당신의 자존감과 삶의 질을 엉망으로 만드는 못된 사람에게 늘 양보하는 데 지쳤는가? 당신이 그런 못된 사람에게 대처하는 방식이 곧 당신의 모습, 당신의 자존감을 결정한다는 점을 이해하겠는가? 바야흐로 이제는 자기를 지킬 수 있는 능력을 모색하고 키워야 할 때다.

"악이 승리하기 위해 필요한 단 한 가지는 행동하지 않는 선한 인간이다."

정치가 에드먼드 버크Edmund Burke의 유명한 말이다. 당신이 아무것도 하지 않으면 악질적인 상대는 계속 당신을 괴롭힐 것이다. 더 이상 희생자로 남지 않겠다는 결심이 섰는가? 다음 장에서는 불만족스러운 현재 상황을 해결하는 전략에 대해 살펴보자.

⋅⋅ 𝒜ction plan ⋅⋅

- 당신도 못된 사람에 대해 이상적인 기대를 가지고 있었는가? 어떤 기대였는가?
- 그 낡은 이상적인 기대는 상대의 부정적인 행동을 어떻게 받아들이도록 만들었는가?
- 앞서 언급된 현실적 깨달음 외에 불만스럽거나 불공정한 상황을 넘어서는 데 도움이 될 당신만의 현실적 깨달음이 있는가? 있다면 무엇인가?
- 친절 혹은 침묵으로 상황을 개선시키거나 악화시킨 경험이 있는가? 구체적으로 생각해보라.
- 당신도 폭포수처럼 눈물을 쏟아낸 경험이 있는가? 그 눈물은 도움이 되었는가 아니면 고통스러웠는가? 이제 눈물을 닦을 때가 되었다고 생각하는가? 그렇다면 또는 그렇지 않다면 그 이유는 무엇인가?
- 눈물은 당신을 담금질하는 시련과 마주하게 해주었는가? 어떻게 그러했는가?
- '희생자 역할은 결국 자청하는 것'이라는 말에 동의하는가? 그렇다면 또는 그렇지 않다면 그 이유는 무엇인가?
- 당신은 자신을 희생자라고 보는가? 그런 시각이 어떤 면에서든 도움이 되었는가?
- 못된 상대가 만들어낸 문제라 해도 당신이 해결할 책임이 있다는 말에 동의하는가? 그렇다면 또는 그렇지 않다면 그 이유는 무엇인가?

✖ 유해한 믿음/행동

낡은 기대를 유지하기 '한 시간이나 늦게 돌아와서는 사과도 안 하고 시간 외 수당도 주지 않은 게 벌써 세 번째야.'

내가 친절하면 남들도 나에게 친절할 것이라 생각하기 '내가 훌륭하게 일을

해내면 언젠가는 인정하고 보상해주겠지.'

침묵은 금이라 믿기 '너무 따지는 모습을 보이고 싶지 않아. 입 다물고 있으면 다음에는 시간 외 수당을 주겠지.'

눈물로 감정을 배출시키기 '나를 이용하다니 너무해. 난 상처받았어.'

잘못한 상대가 상황을 바로잡을 때까지 기다리기 '원인을 제공한 사람이 문제를 해결해야 하는 거야.'

✚ 유익한 믿음/행동

현실적인 깨달음 얻기 '이런 식으로 해도 된다고 생각하는 모양이야. 내가 항의하지 못할 거라고 보는 거야.'

친절이 약점이 될 수 있음을 깨닫기 '상대가 결정권을 가지도록 해서는 안 돼.'

침묵은 악질적인 사람의 기를 살려준다는 것을 알기 "오늘 밤 한 시간 더 근무했으니 수당을 지불해주시겠어요?"

눈물 그치기 '좋아. 눈물은 이걸로 충분해. 운다고 상황이 달라지진 않아.'

문제 해결을 위해 책임지기 "오늘 시간 외 근무 수당을 지불해달라는 청구서를 만들었습니다. 받으시지요."

전략을 바꿔야 할 때가 왔다

○ 말로 설명하면 깨닫는 사람도 있지만 충격요법을 써야 겨우
  이해하는 사람도 있다.
                                    – 토머스 페인Thomas Paine(작가)

한 여성이 내게 하소연했다.

"할 수 있는 모든 방법을 다 동원해봤지만 상대는 여전히 제 곁을 떠나지 않고 괴롭히고 있어요."

나는 혹시 못된 사람에게는 별로 효과가 없는 다음 세 가지 방법을 쓰는 것이 아니냐고 반문했다.

- 회피: 못된 사람을 피해 다니면 문제를 방지할 수 있다고 생각하는 이들이 많다. 틀린 생각이다. 그들은 목표한 상대를 결코 놓치지 않기 때문이다. 일단 그들의 목표가 되었다면 어디로 피하든 소용이 없다. 그들은 당신을 어떻게 해서든 찾아낼 테니까.
- 타협: 갈등을 싫어하는 사람은 못된 사람과 어떻게든 타협함

으로써 대립을 피하려 한다. 문제는 못된 사람이 이런 상황을 이용한다는 데 있다. 공격하면 상대가 한발 물러난다는 걸 알게 된 못된 사람은 점점 압박을 가한다. 마음 약한 사람은 결국 자존감을 잃어버린 채 끌려다니는 지경에 이른다.

- 단호한 자기주장: 상대가 악질적인 사람인 경우 전통적인 방식으로 단호하게 자기주장을 펼치는 것은 별로 도움이 되지 않는다. 이들은 오히려 단호한 주장을 즐거워한다. "당신 행동이 마음에 들지 않아요"라는 말은 이런 유형의 사람이 듣고 싶어하는 바로 그 말이기 때문이다. 정말 놀랍게도 자기 때문에 마음 상하고 힘든 사람이 있다는 것이 이들에게는 쾌감을 주기 때문이다.

그렇다면 대체 어떻게 해야 하는지 궁금한가? 내가 제안하는 전략은 다름 아닌 공격이다.

◎ 이등 시민이라 느끼는가? 그렇다면 당신은 이등 인간이다.
— 테드 터너Ted Turner(미디어 사업가)

당신 역시 이등 시민 대접을 받는다고 느낀다면 〈텅후〉 워크숍에 참석했던 어느 교사의 조언이 도움이 될 수도 있겠다. 그때 우리는 '선한 태도의 비용'을 주제로 토론하는 중이 있다. 그 교사는 이렇게 말했다. "전 30년이 넘는 세월 동안 여러 학교에서 일했어요. 그러면서 악질적인 사람의 관심과 존중을 얻기 위해서는 저 또한 악질 역할을 해야 한다는 걸 깨달았답니다."

'이게 대체 무슨 소리야? 나더러 악질적이고 못된 사람이 되라는 거야?' 하는 생각이 드는가? 조금 더 읽다 보면 알겠지만 나는 결코 못된 사람이 되라고 권하는 것이 아니다. 다만 못된 사람보다 더 못된 사람이 되는 것이 때로는 그들을 물리치는 유일한 방법임을 말하고 싶을 뿐이다. 역설적이지만 못된 사람들이 존중하고 건드리지 않는 상대는 오로지 하나, 자기보다 더한 악질뿐이기 때문이다.

○   내 최대의 강점은 약점이 없다는 것이다.
　　– 존 매켄로John McEnroe(테니스 선수)

못된 사람에게 공격적으로 힘을 드러내 보이는 것은 도덕을 저버리는 행동이 아니다. 그들이 우리를 목표물로 삼게 만들었던 애초의 선한 모습으로는 문제를 해결할 수 없다는 깨달음의 표현일 뿐이다. 그들의 공세를 중단시키려면 충격요법이 필요하다. 더 이상은 참지 못한다는 결심이 섰다면 악질적인 사람들이 인식하는 위험−보상 확률을 뒤집어놓음으로써 그 손아귀에서 빠져나와야 한다.

물론 '악질적인 행동으로 악질을 제압하자'라는 결론에 도달하려면 고통스러운 고민의 시간을 거쳐야 한다. 사실 나는 이 때문에 몇 달 동안 책 쓰기를 중단하기도 했다. 좀 더 전투적이고 공격적인 사람이 되어야 한다는 식으로 내 주장이 오해받을까 두려웠던 것이다.

나는 친절함을 포기하라고 말하는 것이 아니다. 기본적으로 나는 친절함의 가치를 믿고 남들에게 친절하게 대하는 것이 우리 자신까지도 기쁘게 만든다고 생각한다.

하지만 이와 함께 우리의 선한 의도를 이용하려 드는 부도덕한 존재도 있음을 인정하지 않을 수 없다. 협력적 의사소통은 여전히 우리가 지향하는 우선순위이다. 단 소통의 상대역시 공정성을 중시하는 경우에만 유효하다. 상대가 비열하게 나온다면 전략을 바꿔야 한다. 악질적인 사람들을 성공적으로 제압한 수백 명의 사람들과 인터뷰를 한 후, 나는 마침내 '계속 나쁘게 행동하는 상대에게는 강하게 나가는 것이 옳다'라는 결론을 내렸다.

요컨대 공격은 적절함을 넘어서 때로는 그 상황에서 유일하게 가능한 방법이 될 수도 있다는 것이다.

09 그들은 독설을 무기로 사용한다

지난 50년 동안 리더십에 대한 세간의 인식은 계속 바뀌었다. 초기에는 독재형 리더십이 대세였다. 이런 상황 말이다.

"내가 상사야. 그러니 내가 시키는 일을 하도록 해. 명령하는 사람은 나고 자네들은 내 명령에 따르면 돼."

이후 에드워드 데밍Edward Deming, 피터 드러커Peter Drucker 같은 경영 전문가들이 등장하면서 참여형 리더십이 각광을 받았다. 참여형 리더십이란 직원들의 의견을 존중하며 의사결정 과정에까지 적극 참여시키는 것이다. 자기 의견이 중요하게 반영되는 상황에서 직원들의 사기와 업무 효율성은 놀라울 정도로 올라간다고 한다.

다음으로는 독재형과 참여형 리더십 중 어느 하나가 만능은 아니라는 주장이 주목을 받았다. 업무 현장과 직원 특성에 맞는 유연한 리더십이 필요하다는 것이다. 예를 들어 신입 사원들에게는 독재형 리더십이 필요하다. 업무 경험이 전혀 없는 신참에게 의견을 구한다는 것은 의미가 없기 때문이다. 그보다는 명확하게 방향을 설정해 신참들이 자기 역할을 깨닫게 하는 것이 도움이 된다.

반면 오랫동안 그 업무에 종사해온 직원들에게는 참여형 리더십이 적합하다. 이런 직원에게 일일이 지시를 내리는 것은 그간 축적된 지식과 전문성을 모욕하는 것으로 받아들여질 수 있다. 그보다는 직원들의 오랜 경험을 존중하고 그 경험에서 얻은 혜안을 자본화하는 것이 기업에 훨씬 이득이 된다.

○ 내가 처음 군대에 들어갔을 때에는 의자를 방 반대편으로 옮기라고 지시할 수 있었다. 그러나 이제는 그 이유를 설명해야만 한다.
ㅡ 로버트 렘케Robert Lemke

리더십의 스타일이 시간이 흐르면서 바뀌는 것처럼 우리가 갈등을 해결하는 방식도 마찬가지로 변화해왔다. 수십 년 전에 가장 인기 있었던 자기계발서는 1등이 되는 방법에 대한 것이었다. 협상 기법을 익혀 최고로 유리한 지점을 확보하는 것이 보편적인 목표였다. 당시 우리는 냉전 시대에 살고 있었고, 그때는 '최선의 방어는 성공적인 공격'으로 여겨지던 시대였다.

이후 '원원'의 시대가 도래했다. 협력적으로 접근하는 것이 옳고, 또 이를 통해서만 지속 가능한 해결책을 찾을 수 있다는 논리였다. 외교 정책에서도 유화책이 대세가 되었고 '존중과 평화'를 추구하는 시대가 왔다.

○ 내가 이기는 것만으로는 부족하다. 남들이 패배해야 한다.
　　　　－ 고어 비달

　　고어 비달의 말은 참으로 섬뜩하지 않은가? 그저 이기려는 정도가 아니라 우리를 패배시키려는 상대를 만났을 때, 그 게임에서 공정성을 기대하면 꼼짝없이 당할 수밖에 없다. 변호사인 내 친구는 이런 말도 했다.

　　"악질적인 사람과 협상하면서 이쪽이 도덕적이면 상대도 도덕적으로 나오겠거니 기대하는 것은 투우 경기장에 황소와 단둘이 들어가더라도 채식주의자인 당신은 무사하리라 기대하는 것과 같아."

　　상황에 따라 갈등 해결 방식을 유연하게 적용해야 하는 이유가 바로 여기 있다. 독재형이나 참여형 리더십이 만능이 아닌 것처럼 1등 지상주의도, 윈윈도 만능은 아니다. 함께 일하는 직원들의 특성에 따라 리더십 방식을 맞춰 가야 하듯, 대적하는 상대의 특성에 따라 의사소통 스타일을 적절하게 조정할 필요가 있다.

　　물론 우리의 주변 사람들은 대부분 협력적 공존을 원하는 이성적인 존재이므로 윈윈 방식이 대체로 유효하다. 하지만 잘 지내려는 우리의 진심 어린 노력을 아무렇지도 않게 걷어차는 상대를 만났다면 마음을 다잡고 적절한 공격을 해야 한다. 그래야 일방적으로 당하면서 상처를 입고 괴로워하는 상황을 피할 수 있다.

○ 말만으로 사람을 쓰러뜨릴 수도 있다.
　– 스콧 피츠제럴드Scott Fitzgerald(작가)

　악질적인 사람을 한 번이라도 상대해본 사람이라면 누구나 피츠제럴드의 말에 공감할 것이다. 〈텅후〉 워크숍에 참석한 한 여성은 '아무리 오랜만에 만나도 전혀 반갑지 않은' 고교 동창생 이야기를 털어놓았다.

　"고등학교 시절부터 모두들 그 애를 싫어했어요. 그 입에서 또 어떤 가시 돋친 말이 나올지 몰랐으니까요. 칭찬을 해도 '머리 잘랐구나. 얼굴이 실제보다 훨씬 작아 보이네'라는 식으로 기분 나쁘게 했고요. 졸업 10주년 동창회장에서 그 애가 내 쪽으로 걸어오는 걸 봤을 때 저는 자칫하면 그날 저녁을 완전히 망쳐버릴 수 있다는 걸 직감했어요. 그리고 언제나처럼 득의만만한 표정으로 제 앞에 선 그 애에게 먼저 말했지요. '아니, 아무 말도 꺼내지 말아줘.' 그리고 등을 돌려 다른 곳으로 몸을 피했답니다."

○ 어째서 사람들은 새로운 아이디어를 두려워하는지 모르겠
  다. 나는 낡은 아이디어가 두렵다. – 존 케이지John Cage(작곡가)

"아무 말도 꺼내지 말아줘"라는 말을 하는 것은 사실 쉽
지 않다. 인간관계 전문가들은 이런 방법을 추천하지 않는다.
후폭풍으로 괴로울 수도 있기 때문이다. 하지만 워크숍에 참
석했던 한 여성은 반색했다.

"그렇게 말할 수 있다는 이야기를 들으니 얼마나 좋은지
몰라요. 전 늘 '윈윈'을 강조하는 분위기에서 자라서 다른 것
은 다 틀렸거나 실패라고 생각했어요. 제가 충분히 노력하지
않았거나 전략이 부족해 윈윈을 달성 못 했다고 본 거지요.

저는 몇 년 동안이나 남편의 언어폭력에 시달린 끝에 간
신히 용기를 내 어머니에게 상황을 털어놓았지요. 하지만 어
머니는 결혼 생활을 유지하는 것이 여자의 의무라고, 더 좋은
아내가 되기 위해 노력해야 한다고 했어요. 친구에게 조언을
구했더니 남편의 장점을 보고 참으라고 하더군요. 무수히 많
은 자기계발서에도 '사랑이 모든 것을 이긴다'라거나 '원하는
방향대로 자신부터 변화하라'는 얘기뿐이었어요. 심리 치료사
역시 남편을 이해해야 한다는 말을 반복했어요."

그녀는 잠시 말을 멈추고 고개를 저었다. "남편을 이해하고 계속 참았던 것이 애초에 문제의 원인이었어요. 잘 대해줄수록 남편은 더욱 못되게 굴었어요. 그 힘들었던 시절, 당당히 남편에게 맞서는 것이 해결책이라는 말을 누군가 제게 해줬다면 얼마나 좋았을까요?"

○ 클럽에 가입해 자네 머리를 갈겨줄 정도의 친절한 마음은 가지고 있네.

— 그루초 마르크스Groucho Marx, 영화 〈식은 죽 먹기〉의 대사

명확히 해둘 것이 있다. 힘 있게, 강하게 대처한다는 것이 복수나 앙갚음을 의미하지는 않는다. 우리의 목표는 복수가 아니다. 악질적인 상대의 공격을 차단하는 것이 목적이다. 공격은 최후의 수단일 뿐이다. 우리는 스스로 희생양이 되고 싶지 않으며, 남을 희생양으로 만들 생각도 없다. 다시 말해 그루초 마르크스처럼 상대의 머리를 갈겨줄 의도가 없다는 말이다. 다만 평화롭게 공존하려는 시도를 거부하는 상대에 대해서만 힘의 수위를 높여 균형을 맞추자는 얘기다.

나는 결코 악질적인 사람이 되지 않으면서 표현의 수위만 높이는 방법이 궁금한가? 답은 '언어의 사무라이'가 되는 것이다.

·•· *Action plan* ·•·

- 갈등 해결 방식을 상황에 따라 유연하게 바꿔나가야 한다는 데 동의하는가? 그렇다면 또는 그렇지 않다면 그 이유는 무엇인가?
- 까다로운 상대를 대할 때 당신은 주로 어떻게 접근하는가? 회피, 협상, 단호한 자기주장, 공격 중 어느 쪽인가?
- 당신이 지금 처한 불공정한 상황을 한 가지 떠올려보라. 이제는 강하게 나감으로써 상대의 위험−보상 확률을 뒤집을 때라고 보는가? 그렇게 할 방법은 무엇일까?

✖ 유해한 믿음/행동

회피, 협상, 단호한 자기주장으로 반응하기 '저 친구와 마주치면 골치 아플 거야. 복도로 숨어야겠다.'

갈등을 회피하는 평화주의자 되기 "내가 뭘 잘못했다고 이렇게 괴롭히는 거야? 제발 그만둬."

늘 윈윈 전략을 유지하기 "그냥 함께 잘 지내면 안 되겠어?"

눈물로 감정을 배출시키기 "나를 이용하다니 너무해. 난 상처받았어."

힘이 곧 정의라 생각하기 "보기 좋게 한 방 먹여주겠어!"

✚ 유익한 믿음/행동

상황에 맞는 갈등 해결 전략 동원하기 "이봐, 아예 아무 말도 꺼내지 말게."

때로는 힘으로 해결해야 한다는 점을 이해하기 "잠깐만, 내가 적을 수 있도록 지금 했던 말을 다시 해보겠어?"

공정한 상대에게만 윈윈 전략 적용하기 "한마디만 더 하면 바로 고소하겠어."

눈물 그치기 '좋아. 눈물은 이것으로 충분해. 운다고 상황이 달라지지는

않아.'

필요할 때에만 힘을 동원하기 "입 다물게. 아니면 인사 기록에 다 반영하겠네."

동료의 거부, 친구들의 반대, 사회의 분노에
맞설 수 있는 사람은 거의 없다.
도덕적 결단은 전장에서의 용기나
위대한 지혜보다 훨씬 힘들다.
하지만 세상을 바꾸려는 사람에게는 그것이 꼭 필요하다.

로버트 케네디|Robert Kennedy (전前 미국 법무장관)

2부

함부로 말하는 사람과
대화하는 법

10   언어의 사무라이 되기

O   변화의 욕구가 내 마음 한가운데에 길을 닦아냈다.

— 마야 안젤루Maya Angelou(시인)

누군가 당신의 마음 한가운데에 파괴적으로 길을 닦고 있다면 상대의 방식을 바꿔야 할 시점이다. 이를 위해서는 '언어의 사무라이'가 되는 법을 익혀야 한다.

사무라이는 봉건 시대 일본에서 활동하던 무사를 말한다. 주군을 모시는 전사들은 싸움을 자청하지는 않았지만 도전을 받으면 우월한 실력을 유감없이 발휘하곤 했다. 그리하여 이들에게 이길 가능성이 거의 없다는 것을 알게 된 사람들은 함부로 덤벼들지 않았다.

주군이 죽고 나면 이들은 낭인이 되어 수행을 떠났다. 상전을 모시는 삶에 익숙해 있던 터라 독립적인 생활에 어려움을 느끼기도 했다. 그러나 시간이 흐르면서 이들은 스스로의 주군이 되는 법을 익혔고 낭인 사무라이로 거듭났다.

                           ——— 함부로 말하는 사람과 대화하는 법

당신은 어떤가? 어느 틈엔가 당신보다 더 논쟁적이고 공격적인 사람에게 맞춰주는 데 익숙해진 것은 아닌가? 다시한번 강조하지만 우리의 목표는 남의 지배를 벗어나 독립성을 되찾는 것이다.

○ 인간은 온갖 장애와 위험, 압박에도 불구하고 해야 할 일을 한다. 그것이 인간 도덕성의 바탕이다.
  – 존 F. 케네디John F. Kennedy(미국의 35대 대통령)

언어의 사무라이는 남들이 가하는 부당한 압력이나 심리적, 육체적 위험을 막아내기 위해 해야 할 일을 한다. 내 친구의 큰딸은 바로 그런 일을 해냈다. 이혼 후 혼자 두 딸을 키운 내 친구는 큰딸의 조지타운대학교 졸업식과 둘째 딸의 하와이 고등학교 졸업식이 겹치는 바람에 어쩔 수 없이 하나를 포기해야 했다. 고민 끝에 친구는 하와이행을 택했다. 그런데 큰딸의 졸업식에 아무 예고도 없이 아버지가 모습을 나타냈다.

유난히 비판적인 성격의 그 아버지는 딸의 학위 수여식이 끝나자마자 다가가 독설을 던졌다.

"4년이라는 시간을 낭비했구나. 대체 정치학 학위를 받아서 뭘 한다는 거냐? 절대로 직장을 찾지는 못할 테니 수천 달러나 되는 돈을 공중에 날려버린 셈이야."

기세 좋게 떠들던 아버지는 큰딸이 손을 들자 놀라 입을 다물었다. 딸은 아버지를 가만히 쳐다보더니 천천히 하지만 힘을 주어 말했다.

"아빠, 그만하세요. 제가 어머니로 보이시나요?"

아버지는 딸의 단호한 태도에 흠칫 놀랐다. 딸이 계속해서 말을 이었다.

"전 이 대학을 졸업한 것이 자랑스러워요. 그리고 정치학 학위를 받아서 기쁘고요. 저를 축하하러 오셨다면 환영이에요. 하지만 그렇지 않다면 떠나주세요."

브라보! 이것이 바로 언어의 사무라이다. 그 딸은 주도권을 잡았고 부당한 공격을 중단시키기 위해 필요한 말과 행동을 했다. 자제력을 잃고 소리를 지르지도, 독설에 상처받아 눈물을 흘리지도 않았다. "어째서 제게 이런 말을 하시는 거예요?"라고 울먹이지도, 말없이 참아낸 후 집으로 돌아가 처지를 비관하지도 않았다.

대신 아버지의 말과 행동이 부적절하며 용인될 수 없다는 점을 분명히 알렸다. 침묵하며 고통받기보다는 생각을 말로 표현했고, 아버지에게 그에 따른 책임을 지웠다. 또한 그 아버지가 체면을 구기지 않고 그 자리를 빠져나갈 수 있는 기회도 주었다.

우리도 이 현명한 딸처럼 해낼 수 있다. 겁쟁이도, 막무가

내 싸움꾼도 답은 아니다. 중요한 것은 우리 스스로를 당당하게 표현할 힘과 대화 기술을 갖춰 남에게 좌지우지되는 일을 막아야 한다는 것이다.

11 시간은 해결해주지 않는다

○ 그건 일어날 수 있는 최악의 결과였다. 사람들은 "참아야 해. 시간이 흐르면 괜찮아져"라고 말할 테지만 그건 틀린 얘기였다. 난 분명 마음이 상했으니까. – E. M. 포스터E. M. Forster(소설가)

사람들은 시간이 지나면 모든 상처가 아물 것이라 수동적으로 기대하며 상대의 부당한 행동을 견뎌낸다. 모욕을 당하더라도 어떻게든 잊으려 애쓰며 '괜찮아. 신경 쓰지 않겠어'라고 생각한다. 하지만 이는 괜찮지 않다. 기분 나빠하고 싫어해야 한다.

악질적인 사람들은 우리가 자기를 무서워한다고 생각한다. 그리고 나쁜 사람 역할을 할 수밖에 없는 지경으로 우리를 몰아넣는다. 하지만 절대 나쁜 사람이 되고 싶지 않은 우리는 결국 그 상황을 참아 넘기고 만다.

내게 상담을 요청했던 한 부인도 바로 그런 경우였다. 혼자서 여섯 자녀를 키워낸 그 부인은 성질 고약한 사위 하나 때문에 고민을 하고 있었다. 걸핏하면 처가와 연을 끊겠다며 위협한다는 것이다. 가족 모임 자리에서도 아내에게 고함을 지르거나 자기의 이상한 편견을 고집해 분위기를 엉망으로 만들기 일쑤였다. 부인은 그런 남편 때문에 고생하는 딸을 보며 가슴이 아팠지만 어떻게 해줄 수 있는 일이 없었다. 딸은 이미 그런 상황에 익숙해졌는지 가족들의 걱정에도 별다른 반응을 보이지 않는다고 했다.

가족들은 다만 한 해에 몇 번이라도 딸을 만나고 싶었기 때문에 사위의 성질을 참아왔다. 하지만 그해 추수감사절을 앞두고는 새로운 계획을 세웠다고 했다. 또다시 사위가 못된 성질을 부리면 모두 식탁에서 일어나 자리를 뜨기로 했다는 것이다.

○ 당신이 스스로의 인생을 운전하지 않으면 다른 사람이 하게 되다.
　　　　　　　　　　　　　　－ 존 앳킨슨John Atkinson(배우)

나는 어안이 벙벙해 부인을 바라보았다. 부인은 "좋은 계획 아닌가요? 이러면 사위도 무언가 깨달을 것 같아서요"라고 덧붙였다.

나는 이렇게 대답했다.

"제가 사례를 하나 들어드리지요. 젊은 부부가 처음으로 집을 사서 멋진 가구까지 들여놓았어요. 그리고 주말에 고양이를 한 마리 데려왔지요. 고양이는 집에 들어오자마자 발톱으로 소파를 긁기 시작했어요. 아내는 놀라서 달려가 고양이를 안아서는 바깥에 내놓았어요. 그날 오후 고양이가 다시 발톱으로 소파를 긁었어요. 이번에는 남편이 고양이를 안아 바깥에 내놓았지요. 그다음부터 고양이는 바깥에 나가고 싶을 때마다 소파를 긁어댔답니다.

자, 누가 누구에게 어떤 교훈을 주려는 것인지 스스로 자문해봐야 합니다. 이 사례에서는 부부가 고양이를 길들인 것이 아니라 고양이가 부부를 길들였어요. 마찬가지입니다. 추수감사절 만찬을 포기한다고 해서 사위는 부인께서 원하시는 깨달음을 얻지 못할 겁니다. 오히려 장모와 처가 식구들을 자리에서 일으켜 식사를 못하게 할 정도로 사위가 영향력을 발휘한 셈이지요.

딸에 대한 걱정과 사랑 때문에 부인께서 이도 저도 못하는 상황이라는 건 이해가 갑니다. 사위는 모두를 휘어잡고 있는 셈이에요. 그러나 이제는 다른 사람이 아닌 사위 본인이 자기 행동의 대가를 치르도록 할 때입니다. 악질적인 상대를 다룰 때는 다수의 행복을 존중해야 합니다. 사위 한 사람의 잘못된 행동을 존중하기 위해 가족 모두가 희생하는 대신 사위가 자기 행동을 바꾸도록 하는 거지요."

○ 스스로의 가치를 낮게 평가한다면 온 세상이 당신을 그렇게 평가한다.
                                                        − 작자 미상

부인은 "그럼 어떻게 하라는 말씀이지요?"라고 되물었다.

"집안의 어른으로 행동하세요. 일단 따님에게는 미리 계획을 귀띔해 마음의 준비를 하도록 배려하시고 식사 시간 전에 사위를 따로 부르십시오. 그리고 '이제부터는 지금까지와는 다를걸세. 우리 가족이 다 같이 모이는 자리는 몹시 소중하거든. 내 딸과 다른 가족들을 정중하게 대하도록 해. 자네 의견만 고집하지 말라는 뜻이야. 남이 말하는 데 함부로 끼어들지도 말고. 그게 우리 집 규칙이니 지켜주게. 그래야 우리 가족과 함께 지낼 수 있어. 그렇게 하지 않는다면 자네더러 식탁에서 일어나 나가라고 할 참이네. 내 딸은 남아 있을 거야. 이건 의논이 아니고 협박도 아니네. 알아서 처신하게'라고 말씀하시는 겁니다.

말씀이 끝나면 그 자리를 뜨십시오. 가타부타 설명이나 토론은 필요 없습니다. 규칙을 정하셨으면 그것으로 그만이지요. 사위에게 괜찮겠느냐고 물어보지 마십시오. 사위의 생각이 아닌 가족의 규칙이 중요합니다. 너무 심한 게 아닌가 생각하실 필요도 없습니다. 그저 예의 바르게 행동하라고 말한 것뿐이니까요.

그리고 식사 중에 사위가 못된 행동을 하면 자리에서 일어나 문을 가리키며 말씀하세요. '이보게, 자네 물건을 챙겨 떠나게'라고요. 사위가 딸에게 함께 가자고 하면 한층 더 단호한 목소리로 사위를 똑바로 바라보면서 '내 딸을 끌어들이지 말게. 내 딸은 여기 앉아 식사를 마칠 테니까. 규칙을 이미 얘기했지 않은가. 자, 이제 일어나게'라고 하시면 됩니다."

12   물러서지 말아야 하는 순간

○ 용기를 가져야 한다. 아무리 좋은 사람이라도 용기가 없다
면 한계가 있을 수밖에 없다. 용기가 없다면 이 세상에 가치
있는 자가 되지 못한다. 나는 좋은 사람들이 악에 맞서면서
살아가는 모습을 보고 싶다.

  − 시어도어 루스벨트Theodore Roosevelt(미국의 26대 대통령)

앞 장에서 들려준 부인의 이야기를 워크숍에서 했을 때
한 여성 참석자가 걱정스러운 얼굴로 일어나 말했다.

"그런데 사위가 우격다짐으로 자기 부인을 데려간 후 가
족과 못 만나게 하면 어떻게 하지요?"

"물론 그러한 위험부담도 있습니다. 하지만 사위가 이제
까지 가족의 그런 우려를 무기 삼아 제멋대로 행동해왔다는
점에 주목해야 합니다. 그게 바로 악질들의 수법이지요. 자기
하고 싶은 대로 하면서 남들이 그 대가를 치르게 하거든요.
상대가 질 수밖에 없는 게임을 만들어놓는 겁니다.

만약 그런 일이 일어나더라도 가족들은 그 불행한 결과가 자기들 탓이라 생각할 필요가 없습니다. 악질적인 사위의 잘못이지요. 사위의 감정적 압제를 끊어야 하는 것은 불가피한 선택이었습니다. 계속 못된 행동을 봐주고 넘어가는 방식은 누구에게도 도움이 되지 않으니까요.

가족이 맞서지 않는다면 그 딸은 영원히 남편에게 대항하지 못할 겁니다. 만나지 못하고 보내야 하는 기간이 고통스럽겠지만 결국은 가족의 결정 덕분에 딸도 남편에게 반기를 들고 자기 의사를 관철시킬 수 있을 겁니다. 그래서 저는 그 방법이 최선이라고 생각합니다."

O 나는 영웅과는 거리가 멀다. 어렸을 때 퀘이커 교도들에게
   실컷 두들겨 맞은 적도 있으니까. – 우디 앨런Woody Allen(영화감독)

그럼에도 여전히 '난 갈등이나 대립을 싫어해. 내게 악질을 상대할 만한 능력이 있는지 모르겠어'라는 생각이 드는가? 안심하라. 앞으로 그 누구도 나를 주눅 들게 하지 못하도록 하겠다고 작정만 한다면 당신은 언어의 사무라이가 될 자질이 충분하다. 반드시 큰소리를 치거나 무례하게 행동할 필요는 없다. 그저 단호하고 분명하면 된다.

이제 다음 장들을 읽으면서 우리는 어떻게 자신을 방어해

야 할지, 또한 어떻게 악질적인 사람들이 가하는 감정적 억압에서 자유로워질지 분명히 알게 될 것이다.

•• *Action plan* ••

- 당신을 손아귀에 쥐고 흔드는 누군가가 있는가? 상대가 내세우는 이유를 두 가지 들자면 무엇인가?
- 언어의 사무라이 개념에 대해 어떻게 생각하는가? 당신이 겁쟁이나 싸움꾼이 되지 않게 할 대안이라고 보는가? 이유를 설명해보라.
- 악질적인 사람을 상대하면서 어떤 선택을 내리든 패배할 수밖에 없는 상황에 처한 적이 있는가? 그 상황에 대해 설명해보라.
- 악질적인 사람 앞에서 당신은 제대로 항의도 못할 정도로 기가 죽었는가? 왜 그렇게 되었는가?
- 힘을 모아 맞서고 상대의 악질적인 행동을 끝내도록 만드는 것이 당신 책임이라는 데 동의하는가? 스스로를 위한 영웅이 될 준비가 되었는가? 구체적으로 당신의 다짐을 말해보라.

✖ 유해한 믿음/행동

상대의 손아귀 안에 있다고 생각하기 '상대가 공개적으로 날 모욕하는 게 싫어. 하지만 나는 어찌할 방법이 없어.'

주인에게 복종하기 '감히 어떻게 대들겠어? 불평 한마디라도 했다가는 무사하지 못할걸.'

말없이 학대를 받아들이기 '괜히 소란 떨기 싫어. 사람들이 막 쳐다볼 것 아냐.'

자제력을 잃고 공격에 공격으로 반응하기 "그런 짓은 정말 싫어. 대체 왜 그렇게 잔인한 거야?"

무력하게 부당한 상황을 참아내기 "오늘 저녁은 최악이었어! 외출을 하지 말았어야 했는데."

✚ 유익한 믿음/행동

나의 결정권을 인정하기 '누구도 날 모욕할 권리는 없어. 그렇게 가만두 지는 않겠어.'

스스로 주인이 되기 '당당히 내 의견을 상대에게 말하겠어.'

학대를 중단시키기 '책임을 지게 해서 두 번 다시 같은 행동을 하지 않도 록 만들겠어.'

자제력을 유지하며 공격을 중단시키기 "그만둬. 그런 말은 너 자신한테나 하라고."

공정한 대우를 요구하기 "이제부터는 내게 예의를 갖춰 말하도록 해."

13   안전거리를 확보하라

○ 모든 사람은 자신이 노력한 결과를 향유할 권리를 타고났
다. 단 남들의 권리를 침해하지 않는 한 그렇다.
— 에이브러햄 링컨Abraham Lincoln(미국의 16대 대통령)

악질적인 사람은 링컨의 말과 정반대로 행동한다. 남들의
권리를 침해하든 말든 자기가 즐거우면 그만이다. 나아가 의
도적으로 경계를 침범해 지배력을 확보하려고도 한다. 이 때
문에 우리가 물리적 · 심리적 공간을 확보해두고 못된 사람이
그 안으로 들어오지 못하도록 하는 것이 중요하다. 그렇게 하
지 않으면 못된 사람은 계속 우리를 자극할 것이다.

'말은 쉽지만 실제로 어떻게 하라는 거야? 내 공간이라
니 너무 추상적이야. 좀 더 구체적인 설명은 없나?'라는 생
각이 드는가? 타당한 의문이다. 자, 그럼 구체적인 이야기로
넘어가자.

○ 폭군은 통제할 수 없는 상대는 밀어내고, 설득할 수 없는 상대는 혼란시키며, 더럽힐 수 없는 상대는 파괴해버린다.
　　– 작자 미상

인간을 포함해 모든 동물에게는 안전거리safety circle라는 것이 있다. 이는 물리적인 동시에 심리적인 공간을 확보하기 위한 것이다. 눈에는 보이지 않는 그 경계 안으로 다른 동물이 침범해 들어오면 본능적으로 이를 위협과 위험으로 인식하는 것이다.

자기 영역으로의 침범을 허용하지 않는 것은 야생 동물(사자, 사슴, 얼룩말)이든 길들여진 동물(개, 고양이, 말)이든 마찬가지다. 그런데 우리 인간은 여러 이유로 어쩔 수 없이 남들을 그 경계 안으로 들이는 경우가 많다. 그리고 이 때문에 문제가 발생한다.

상대가 공정하거나 친절하지 않게 행동한다면, 사실 이는 대부분 우리가 경계를 제대로 설명하거나 요구하지 않았기 때문이다. 지금부터는 대체 그 경계가 무엇이며 어디에 있는지를 설명할 것이다. 경계를 보호하는 다양한 방법은 다음 장에 소개할 것이다.

나는 얼마 전에 반려견을 데리고 아침 산책을 하면서 경계 요구의 좋은 사례를 목격했다. 우리 개는 호기심이 많고 무척 활발하다. 때마침 털이 복실복실한 귀여운 개 한 마리가 나타나자 우리 개는 당장 그쪽으로 뛰어갔다. 동시에 몸집이 절반밖에 안 되는 상대편 개는 우리 개 쪽으로 몸을 돌려 맹렬하게 짖어댔다.

우리 개는 움찔해 뒤로 물러섰다. 작은 개는 그 자리에 멈춰 우리 개를 노려보았다. 우리 개는 좀 더 조심스럽게 다가가며 냄새를 맡으려 했다. 하지만 작은 개는 한층 더 큰 소리로 짖으며 사납게 으르렁거렸다. 우리 개는 결국 물러섰다.

◉ 싸우는 개의 크기가 아니라 벌어진 싸움의 크기가 문제다.
– 드와이트 아이젠하워Dwight Eisenhower(미국의 34대 대통령)

작은 개는 '그래, 넌 불행한 강아지 시절을 보낸 탓에 이렇게 무례하게 행동하는구나'라는 식으로 우리 개의 접근을 합리화하지 않았다. '아직 어리고 뭘 몰라서 그러는 거야'라며 경계 침범을 수동적으로 받아들이지 않았다. '상대의 입장에서 보면 이해할 만한 일이야'라고 그냥 넘기지도 않았다. '여기 처음 와서 친구가 없기 때문에 어서 나랑 사귀고 싶은가 봐'라며 너그러운 반응을 보이지도 않았다.

그러기는커녕 작은 개는 우리 개의 행동이 마음에 들지 않는다는 마음을 더할 수 없이 분명하게 드러냈다. 자기 경계를 침범해 들어왔으니 어서 물러나라고 경고한 것이다. 우리 개는 그 메시지를 알아듣고 물러났다.

우리 인간도 이처럼 경우에 따라 자기 경계를 분명하게 선포할 수 있다면 얼마나 좋을까? 우리 워크숍에서 악질적인 사람의 무례하고 거침없는 경계 침범 이야기를 들려준 사람들은 아주 많았지만, "그래서 어떤 말로 대응하셨나요?"라고 물었을 때 대답이 나오는 경우는 안타깝게도 극히 적었다.

작은 개와 달리 우리들은 악질적인 사람의 경계 침범을 '오늘 기분 나쁜 일이 있었던 모양이다'라거나 '설마 나를 기분 나쁘게 할 생각은 아니었겠지' 혹은 '워낙 스트레스가 많으니 그럴 만도 해'라고 애써 합리화하곤 한다. 그러고는 사회적 의무와 두려움이 혼합된 감정으로 원치 않는 침입을 받아들인다. 속으로만 '저 사람이 이런 행동을 하다니!'라고 원망하면서……. 권리를 보호받기에는 너무 간접적이고 무력한 대응이다.

개들은 물기 전에 열심히 짖는다. 우리도 적시에 미리 짖어서 악질적인 사람을 물리친다면 물어뜯어야 하는 사태까지는 가지 않을 수 있을 것이다.

14 안전거리를 침범당했을 때 해야 할 말

○ 모두가 개인 영역을 확보한다면 한 사람이 다른 사람을 지
배할 이유는 사라진다.

— 로버트 소머Robert Sommer(환경심리학자), 《개인의 공간》 중에서

우리 인간의 신체적 안전거리는 팔을 길게 뻗어 나오는
정도이다. 두 팔을 앞으로, 그리고 옆으로 뻗어보라. 그렇게
해서 나오는 원형 공간이 개인의 영역이다. 당신이 원하지 않
는 한 누구도 허락 없이 그 원 안으로 접근할 수 없다. 문화에
따라, 또 상황에 따라 이 안전거리는 달라진다. 만원 지하철
안에서 안전거리를 지킬 수는 없으니 말이다. 이럴 때 우리는
시선을 딴 곳으로 돌린다. 이런 행동 역시 남들의 영역을 존
중하고 내 영역을 요구하는 방법 중 하나이다.

이제부터는 누군가가 불편할 정도로 가까이 다가온다면
속으로만 투덜거리지 말고 몸짓언어나 말로 표현하라. 눈썹
을 추켜올리며 묻는 듯한 시선을 던지는 것도 한 방법이다.

이것은 "대체 원하는 게 뭐지? 내 영역 안에서 뭘 하려는 거지?"라는 질문과도 같다. 그래도 상대가 뒤로 물러서지 않는다면 상대의 발부터 시작해 위쪽으로 시선을 올리며 "너무 가까이 오신 것 같지요?"라고 말해보라.

이렇게까지 해도 상대가 눈치를 채지 못하는 경우 한발 뒤로 물러서서 거리를 확보하라. 누군가 뒤따라오며 접근한다면 뒤돌아서 정면으로 상대를 바라보며 한 걸음 비켜나라. 그리고 눈썹을 추켜올려라. "이렇게 바짝 뒤따라오는 이유가 무엇이지요?"라는 뜻을 전하는 것이다.

O 예술과 도덕은 모두 어딘가에 선을 긋는 활동이다.
　　– G. K. 체스터턴G. K. Chesterton(작가)

어쩌면 우리 경계를 침범하는 사람들은 별다른 의도가 없는 순진한 존재일 수도 있다. 하지만 내 공간을 통제하는 사람은 다름 아닌 나라는 점을 처음부터 분명히 해두지 않는다면, 나의 공간은 언제든 상대가 원하는 대로 침범당하는 상황이 되어버린다. 누구에게 접근을 허용하고 누구에게 하지 않을 것인지 우리 스스로 결정하지 않는다면 결국 남들이 결정하고 마는 것이다.

물론 도덕적인 사람은 그 기회를 이용하지 않겠지만 비도덕적인 사람은 적극 활용한다. 원하지 않으면서도 상대의 경계 침범을 속절없이 허용하는 것은 누구든 나를 마음대로 건드리고 귀찮게 굴 수 있다는 신호를 주는 것이나 다름없다.

상대가 계속 물리적인 접근을 시도한다면 몸짓언어에 더해 실제 언어를 동원하도록 하라. 손을 들어 상대에게 손바닥을 보여라. 이는 '정지!'를 뜻하는 만국 공용 신호이다. 여기다가 팔까지 함께 뻗으면 "더 이상 다가오지 마!"라는 의미가 된다. 이와 함께 "이 정도는 거리를 두죠"라거나 "조금만 물러서주시겠어요?"라고 분명하게 말하라. 그러면 상대는 당신이 순순히 자신의 의도에 따르지 않으리란 점을 깨달을 것이다.

○ 우리 부부는 말다툼을 했다. 하지만 나는 한마디도 하지 못했다. – 피버 맥기Fibber McGee, 1930~50년대 미국 코미디 라디오 쇼의 대사

〈텅후〉 워크숍에 참석한 어느 여성의 말을 들어보자.

"전 같은 직종 종사자들의 모임에 참여하고 있어요. 그런데 그 모임에선 늘 포옹으로 인사를 하거든요. 제가 특별히 까다로운 것은 아니지만 잘 알지도 못하는 사람과 포옹해야 하는 건 불편해요."

그러자 다른 여성도 자기 경험을 보탰다.

"맞아요. 제가 다니는 직장에는 남자 동료들이 몇 있는데

자주 신체 접촉이 일어나요. 칭찬할 때는 어깨를 두드리고 배웅할 때는 등에 손을 대는 식이지요. 좋은 의도라는 건 알지만 전 그게 싫어요."

나는 다음과 같이 말해주었다.

"내 몸을 누가 언제 어떤 상황에서 만져도 좋을지 결정하는 사람은 나 자신이에요. 여기서 사회적 관행은 부차적인 문제입니다. 그보다는 당신이 편안하게 느끼는지 아닌지가 제일 중요하지요. 자신의 경계 안으로 누구를 들여놓을지는 스스로 결정해야 합니다. 허락을 받지도 않고 물리적으로 친밀하게 구는 것은 무례한 일입니다. 그런 접촉을 애매하게 넘기지 말고 분명히 의사를 전달하십시오. 예의에 어긋나는 건 아닐까 걱정할 필요는 없습니다.

이제부터는 누군가 한바탕 포옹할 기세로 다가오거든 팔을 앞으로 뻗어 악수로 대신하고 싶다는 의사를 밝히세요. 허락 없이 신체 접촉을 시도한다면 눈을 똑바로 쳐다보며 '저는 이러시지 않는 편이 좋아요'라고 말하세요. 처음 있는 일이고 또 상대가 호의를 표현하는 것이라 느낀다면 말하면서 미소를 지어도 좋습니다. 하지만 여러 번 반복되는 일이라든지 성적 의도가 감지된다면 단호하게 '다시는 이러지 마세요'라고 말해야 합니다. 이제부터는 당신이 자기 영역을 지킬 것이고, 누구도 마음대로 침범할 수 없다는 것을 분명히 알려야 하니까요."

함부로 말하는 사람과 대화하는 법

15   시소 위쪽에만 앉으려는
사람을 다루는 법

○ 친절은 남에게 짓밟히는 것과 다르다.   – 마야 안젤루

　물리적으로 경계를 침범당하는 것은 분명히 인식 가능하다. 하지만 정신적으로 침범당했을 때는 그렇지 않다. 이렇게 추상적으로 보이는 정신적, 감정적 침범을 좀 더 구체적으로 인식할 수 있는 방법은 무엇일까?

　이제부터는 누군가에게 휘둘린다고 생각할 때 시소를 떠올려보자. 어린 시절 놀이터에서 타고 놀던 시소 말이다. 당신이 한쪽에, 상대는 반대쪽에 타고 있다. 친구 관계든 부부 관계든 직장 상사와 부하 관계든 성공적으로 관계를 이끌기 위해서는 이 '권리－요구' 시소가 균형을 유지해야 한다.

○ 협력이란 내가 말한 대로 당신이 해주는 것, 게다가 신속하게 해주는 것을 뜻한다. – 엘버트 허버드Elbert Hubbard(유머 작가)

인간관계에서는 내가 올라갈 때도, 또 내려갈 때도 있는 법이다. 그 오르내림이 양쪽에서 공평하게 일어난다면 그 관계는 호혜적 보상을 준다. 두 사람 모두 상대의 기대에 민감하고 상대에게 기꺼이 맞출 의지가 있다면, 또한 공정한 협상이 이뤄지고 관계에 대해 양쪽이 비슷하게 의견을 낸다면 이는 건강한 관계이다.

Note

'권리–요구' 시소가 불균형을 이루는 경우

'권리–요구' 시소가 균형을 이루는 경우

○ 내 방식대로 생각하는 법을 배우기만 해준다면 당신과 정말
로 잘 지낼 텐데.   – 인터넷에 떠도는 농담

악질적인 사람들은 권력 균형을 원하지 않는다. 자기들만
이 권력을 독점하여 휘두르고 싶어한다. 자신들은 받고 받고
또 받는 동안, 상대는 주고 주고 또 줘야 마땅하다고 여긴다.
이렇게 요구를 계속하면서 동시에 시소의 위쪽에 앉으려고만
한다.

요구는 당신을 통제하기 위함이다. 그리고 시소 위쪽에
앉는 것은 지배하기 위함이다. 대화를 독점하면서 주의 집중
을 요구하는 것, 당신이 해야 할 행동을 결정하고 거기에 따
르기를 요구하는 것, 조금이라도 반박하면 교묘하고 집요하게
괴롭히는 것 등이 이들의 전형적인 요구 패턴이다. 또한 "자
네 같은 사람을 고용할 사람은 아무도 없어. 자네는 아무 쓸모
가 없는 사람이야"와 같은 말로 스스로를 의심하게 만들고 좌
절시키는 것이 시소 위쪽으로 올라가려는 행동의 또 다른 예
이다. 공격적인 행동, 조종하려는 술수는 모두 당신의 지배력
을 약화시키고 자신의 지배력을 확장시키기 위한 것이다.

당신 인생에 들어와 있는 악질적인 상대와의 관계를 앞
페이지의 그림처럼 그려보라. 당신의 시소는 균형을 잡고 있
는가 아니면 당신이 늘 아래쪽에 있는가? 당신은 원하는 바를

거의 얻지 못하는 반면 상대는 늘 원하는 바를 얻고 있는가? 그럼에도 좋든 싫든 시소를 떠날 수 없다는 느낌이 드는가?

무엇보다 우리는 인간관계에서 한쪽이 늘 운전석에 앉는 상황이 얼마나 나쁜지 알아야 한다. 양쪽 모두의 '권리−요구'가 균형을 잡아야 한다는 점을 제대로 이해해야 한다. 악질적인 사람의 행동 하나하나는 자기 권력으로 당신을 내리누르기 위한 것임을 깨달아야 한다. 이제부터 우리는 악질적인 사람이 상황을 지배하려 들 때 당당한 태도로 공정함을 요구하겠다고 마음먹어야 한다.

16 체념하지 말고 해결하라

○ 상대 라인을 돌파해야 한다는 미식축구의 원칙은 인생에도 적용된다. 반칙하지 말고 물러서지도 않으면서 돌파해야 한다.

 – 시어도어 루스벨트

당신의 영역이 침범당했다면 스스로 방어의 책임을 피하려 하지 말고 당당하게 맞서야 한다. 상대가 움찔해 물러서도록 말이다.

우리 세미나에 참석한 한 남성의 경험담을 들어보자. 그는 회사의 중간 간부라고 한다.

"부하 직원 중에 정말 골치 아픈 사람이 하나 있어요. 늘 불평불만이 많지요. 출근할 때는 대체로 지각하면서 퇴근은 남보다 먼저 하고, 볼일이 있다면서 외출도 많이 해요. 처음에는 좋은 게 좋은 거라고 다 들어줬지만 점점 정도가 심해지고 다른 직원들까지 불만이 생겼어요.

지난주에는 그 직원이 나를 찾아와 금요일에 업무상 사

교를 겸한 오찬에 참석해야 한다고 했어요. 대체로 이런 경우에는 허락을 해주지만 그때는 어쩐지 핑계로 들리더군요. 그래서 머릿속으로 지난 몇 달간 그 직원이 근무 시간에 얼마나 자주 외출을 했는지 헤아려봤어요. 다른 직원들과 비교해 형평에 맞지 않는 혜택을 준 것이 분명하더군요.

그래서 이번에는 안 되겠다고, 안 그래도 업무가 밀려 있지 않느냐고 했지요. 직원은 어떻게든 나를 설득하려고 이런저런 이유를 댔어요. 벌써 비용을 다 지불해서 취소할 수 없다고도 하더군요. 그래서 저는 그러면 다른 직원에게 기회를 주든지 다음번 오찬으로 바꾸라고 했지요.

거절당하는 데 익숙하지 않았던 그 직원은 제가 자신의 직업적 성장을 지원하지 않는다고 비난하기 시작했어요. 전 거기에 대응하는 대신 '이제까지 여러 차례 근무시간 중 외출을 했지만 한 번도 그걸 보상하는 근무를 한 적이 없잖아요? 이제 직장에 대한 의무를 다해주세요'라고 단호하게 말했답니다.

그 직원은 화가 잔뜩 나서 제 방을 나갔어요. 하지만 전 꿈쩍하지 않았고 괜스레 미안한 마음을 갖지도 않았어요. 선을 넘은 건 그 직원이지 제가 아니니까요."

O 원하는 바를 요청할 수 있다는 것을 알기 전까지 나는 무지
   와 체념 상태로 살았다. 남들의 눈 밖에 나거나 껄끄러운 존
   재가 되지 않으려고 말없이 남들의 생각에 따랐던 것이다.
   – 잭 캔필드

  이제부터는 남들이 당신에게 껄끄러운 존재가 되지 않도
록 적극적으로 나서야 한다. 자신의 안전거리와 권리-요구
시소를 머릿속으로 그려보고, 누구도 함부로 당신의 영역을
침범하거나 일방적으로 시소 위에만 앉지 못하게 하라. '이론
적으로는 맞는 얘기지만 실제로는 어떻게 하라는 말이지?'라
는 생각이 든다면 마음을 편하게 먹고 다음 장을 펼쳐라.

●● *Action plan* ●●

- 누군가 당신의 물리적 영역을 침범한 경험이 있는가? 어떤 상황이었
  는가?
- 다음번에 누군가 당신의 경계를 침범한다면 어떻게 대처하겠는가?
- 당신에게 계속 무리하게 요구하면서 시소의 위쪽에만 앉으려는 사람
  은 누구인가? 그는 어떻게 행동하고 말하는가?
- 당신 인생에서 중요한 두 인물이 보여주는 권리-요구 시소를 그려보
  라. 시소의 오르내림은 공평한가? 아니면 어느 한쪽이 늘 위에 앉아
  있는가?
- 경계 침범에 맞서는 것이 당신의 권리라는 점을 인정하는가? 누군가

당신의 심리적 경계를 침범한다면 어떻게 대처할지 구체적으로 설명해보라.

✖ 유해한 믿음/행동

누군가 물리적으로 접근하도록 내버려두기 '이렇게 코앞에 얼굴을 들이대는 건 정말 싫어. 하지만 어찌할 방법이 없어.'

악질적인 행동 때문에 압박감 느끼기 '어떻게 또다시 나한테 돈을 빌려달라고 말할 수가 있지?'

무리한 요구에 시달리기 "지난번에 빌린 돈도 아직 갚지 않았잖아."

상대의 조종에 넘어가 마음 약해지기 "자, 돈 여기 있으니 가져가! 난 짠돌이가 아니라고!"

운명이라고 체념하기 "뭐라고? 이제는 돈도 모자라 차까지 빌리겠다고?"

✚ 유익한 믿음/행동

자신의 안전 영역 유지하기 "조금 뒤로 물러나 거리를 좀 둬주세요."

스스로를 위해 맞서기 "안 돼. 앞으로는 다른 사람에게 돈을 빌리도록 해."

직접적으로 할 말 하기 "우선 내가 받아야 할 천 달러에 대해 먼저 이야기를 해보자고."

조종에 굴복하지 않기 "아무리 그래도 돈은 한 푼도 못 가져갈 거야."

내 시간, 공간, 운명을 스스로 지키기 "빌린 돈을 먼저 갚으면 그때 차 얘기를 시작하자고."

17 참지 않는 것도 훌륭한 덕목이다

1960년대나 70년대에 성장기를 보낸 사람이라면 인내가 최고라고 배웠을 것이다. 곁에 있는 사람을 인내하고 사랑하라는 말도 귀에 못이 박히도록 들어보았으리라. 참고 인내하는 것이 훌륭한 덕목이라는 것은 나도 인정한다. 하지만 때로는 참지 않는 것 또한 훌륭한 덕목이 된다.

당신의 상식에 반하는 말이라 당황스러운가? 업무차 참석했던 모임에서 내가 경험한 일을 하나 소개하겠다. 나는 로스앤젤레스에서 온 극작가, 그리고 모임 조직을 도왔다는 자칭 '남부 출신 미녀'와 함께 앉게 되었다. 최근 몇 달간 개봉했지만 그리 감동을 주지 못한 영화들이 화제에 올랐다. 남부 출신 미녀는 영화의 질이 점점 떨어지고 있다고 의견을 밝히더니 "이건 다 할리우드에 동성애자들이 판치는 탓이라니까요"라고 덧붙였다.

극작가와 나는 그 순간 귀를 의심했다. 나는 그 미녀의 편견과 독설에 깜짝 놀랐지만 그냥 넘어가줄 생각이었다. 하지만 극작가는 달랐다. 그는 미녀 쪽으로 몸을 돌리며 "방금 뭐라고 하셨지요?"라고 되물었다. 미녀는 그제야 자기가 경계를 넘어섰다는 점을 깨닫고 뒤로 물러섰다. 극작가는 미녀의 시각이 어째서 편견인지에 대해 한마디를 더 보탠 뒤 화제를 다른 쪽으로 돌렸다.

나는 극작가의 행동에 감탄했다. 그냥 참아 넘기지 않은 그의 행동은 전적으로 옳았다. 남부 출신 미녀는 앞으로 그런 편견으로 똘똘 뭉친 독설을 내뱉기 전에 최소한 한 번은 다시 생각하게 될 테니 말이다. 두 번 다시 그런 생각이나 발언을 하지 않겠다고 결심한다면 더욱 좋은 일이고.

○ 부부 싸움은 이래야 한다. "왔노라, 보았노라, 동의했노라."
  – 머그잔에 쓰인 문구

바로 이것이 참아 넘기지 않음으로써 긍정적인 결과를 이끌어내는 힘이다. 마찬가지로 남들이 부적절한 언사로 내 감정적 공간을 침범한다면 그냥 묵묵히 참으며 넘어가서는 안 된다.

어느 주말 나는 아들 앤드류와 밀린 빨래를 하고 있었다. 탈수한 빨래가 서로 엉켜서 잘 나오지 않자 아들이 무심코 욕설을 한마디 했다. 나는 정색을 하고 "뭐라고?" 하고 되물었다. 아들은 "친구들도 다 쓰는 말인데 뭘 그러세요? 그냥 넘어가세요"라고 대답했다. 그러나 나는 "앤드류, 다른 애들은 그런 말을 쓸 수도 있겠지. 하지만 넌 그런 욕설을 하면서 기분이 어떠니? 유쾌하니? 달리 표현할 수 있는 방법을 생각하면 좋겠다"라고 충고했고, 다행히 아들은 "알겠어요, 엄마"라며 수긍했다.

내가 가만히 있었다면 아들은 그 이후로도 계속 욕설을 사용하지 않았을까? 부디 기억해주길 바란다. 상대의 언행이 공격적이거나 불쾌하다는 사실을 제대로 알려주지 않는다면 상대의 언행은 언제까지고 그렇게 계속될 수밖에 없다. 당신이 반박하거나 항의하지 않았다면 그건 괜찮다는 의사를 전달한 것이 아니겠는가?

○ 중요한 것을 위해 나서지 않는다면 사소한 것에 시달리게 된다.
— 앤 랜더스Ann Landers(칼럼니스트)

이제부터는 '참지 않음으로써 긍정적인 결과를 이끌어낼' 마음의 준비를 하자. 함부로 말하는 사람들의 입을 다물게 만드는 몇 가지 방법을 제시하면 다음과 같다.

• "그런 생각은 속으로만 하시지요."

- "다시 한번 생각해보시는 게 좋겠습니다. 말씀하신 분의 인상이 나빠지는걸요."
- "설마 진심으로 그렇게 말씀하신 건 아니겠지요?"
- "다시 한번 말씀해주시겠어요?"(믿을 수 없다는 듯 눈썹을 살짝 올리는 것도 좋다.)
- "제가 잘못 들은 모양입니다. 다시 말씀해보시겠어요?"
- "저랑 함께 있을 때는 그런 말은 말아주세요."
- "듣기 불편하군요. 점잖게 말씀하시지요."
- "제가 그런 소리를 듣고 싶어한다고 생각하시는 건가요?"

○ 회고록은 독자에게 정보를 제공하기 위해서가 아니라 글쓴 이를 보호하기 위해 쓰는 것이다.
— 딘 애치슨Dean Acheson(전前 미국 국무장관)

입이 험한 사람들은 애치슨의 이 말을 듣고 자신을 보호하기 위해 입을 좀 다물어줄지도 모르겠다. 나는 자신을 보호하기 위한 또 다른 방법으로 메모를 제안하고 싶다. 얼마 전 공항에서 택시를 탔을 때 내가 그 효과를 실제로 체험한 방법이다.

비행기가 연착하는 바람에 나는 자정이 지나서야 공항에 내리게 되었다. 무료 호텔 버스는 운행이 끝난 상태였고, 그래서 5분 거리를 가기 위해 택시를 잡을 수밖에 없었다. 택시에 앉아 행선지를 말하자 장거리 손님을 기대했던 택시 운전사는 분통을 터뜨렸다.

운전사의 입장을 이해 못 하는 것은 아니었다. 몇 시간이나 줄을 서며 기다렸을 텐데 겨우 5달러짜리 승객을 만났으니 말이다. 하지만 고함을 지르며 화내는 것은 제대로 된 행동이 아니었다. 단둘이 있는 공간에서 욕설을 듣는 것은 몹시 괴로웠고, 그것은 분명 언어폭력이었다. 나는 고함으로 맞서는 대신 종이와 펜을 꺼냈고 몸을 앞으로 굽혀 운전면허를 확인했다.

"이름이 ○○○ 맞으시죠?"

운전사는 입을 다물었고 조용히 운전을 했다. 그리고 호텔에 도착하자마자 차에서 뛰어내려 내게 문을 열어주면서 덥석 내 손을 잡더니, "제발 신고는 하지 말아주세요. 운전을 하지 못하면 생계가 막막합니다"라고 부탁했다. 나는 그저 이름을 확인하는 것만으로 놀라운 결과를 이끌어낸 것이다.

이제부터는 남의 독설이나 욕설을 그냥 참아 넘기지 말라. 대뜸 이름을 적으려 드는 것이 지나친 대응이라는 생각이 든다면 우선 공감을 해주는 방법도 있다. "어쩌죠? 운이 나쁜 날이시죠?"와 같은 말을 던지는 것이다. 이런 말은 당신이 자기편에 서 있다는 뜻이 되고, 그럼 당신한테 더 이상 화를 내기 어려워질 것이다. 그런 배려가 별 효과가 없다면 마지막으로 윈윈을 시도할 수 있다.

"우리 둘 다에게 썩 유쾌한 상황은 아니네요. 잘못된 상황보다는 해결 방법에 초점을 맞춰보는 게 어떨까요?"

상대는 여전히 화를 내고 당신은 거기 맞춰줄 기분이 아니라면 종이와 펜을 꺼내 단호하게 물어보라.

"이름이 어떻게 되시죠?" "지금 뭐라고 하셨지요?"

쓸데없이 입씨름을 벌일 것 없이 이런 단순한 질문을 통해 상대의 언어폭력이 그대로 용인되지 못하리라는 점을 알리는 것이다. 자신의 부적절한 발언이 기록되고 있다는 사실을 아는 것만으로도 상대가 입을 다물 이유는 충분하다.

18   잘못된 규칙은 다시 정할 수 있다

○ 법이 끝나는 곳에서 압제가 시작된다.

    – 윌리엄 피트William Pitt(전前 영국 재무장관)

불쾌하게 행동하는 사람들은 당신을 지금 시험하고 있다. 계속 그렇게 행동해도 되는지를 알아보는 중이라고 할까? 바로 이 때문에 관계의 초기부터 경계를 설정하고 유지하는 것은 매우 중요하다.

교사들은 새로 학년을 맡게 된 직후의 시기가 얼마나 중요하고 결정적인지 잘 안다. 캘리포니아에서 스무 해 넘게 유치원 교사 생활을 하고 있는 캐럴 이모는 이렇게 말하곤 한다.

"시간이 지나면 아무래도 긴장이 풀려 느슨해지지. 하지만 첫날에는 반드시 누가 대장인지 분명히 해야 해. 안 그러면 남은 학기 내내 끌려다니게 되거든."

누가 대장인지 알려줘야 한다는 이모의 말을 다시 생각해보자. 대장이란 '권위를 가지고 통제하는 사람'이다. 즉 악질적인 사람이 노리는 지위이다. 이들은 늘 자신이 대장이 되고 자 한다. 이런 사람에게는 자칫 한 번이라도 대장 노릇을 허락했다가는 영원히 끌려다닐 수밖에 없다.

○ 내겐 내 기준이 있다. 남보다 좀 느슨할지는 몰라도 어떻든 기준은 있다.
— 베트 미들러Bette Midler(가수)

캐럴 이모는 수업 첫날 규칙을 정한다고 한다. 가장 중요한 규칙 중 하나는 이모가 손뼉을 세 번 쳤을 때 모두 즉각 입을 다물어야 한다는 것이다. 이모는 한 명도 빠짐없이 규칙을 숙지하도록 여러 번 연습을 시킨다. 그런 다음 손뼉을 세 번 친 후에는 모두 입을 다물어야 한다. 킥킥거리며 웃는 것도, 속삭이는 것도 안 된다. 다섯 살짜리 유치원생들이 캐럴 선생님의 손뼉 소리에 일제히 입을 다무는 이유는 올바르게 행동하면 애정과 존중을 받는다는 점을 알기 때문이다.

또한 이모는 규칙이 불분명해서는 안 된다고 믿는다. 오늘은 이런 규칙이다가 내일은 저렇게 바뀐다거나, 이 아이에게는 적용되지만 다른 아이에게는 적용되지 않는 식은 안 된다는 것이다. 그래서 이모의 규칙은 분명히 제시되고 틀림없이 지켜진다. 그 결과 유치원에는 질서가 잡히고 아이들은 천사처럼 행동한다(항상은 아닐지라도 대부분은 그렇다).

당신도 당신 인생에서 만난 사람들에게 행동의 규칙을 세워두었는가? 너무 느슨한 규칙이거나 일관성 없는 규칙은 아닌가? 만약 그렇다면 아직 늦지 않았다. 규칙을 다시 정하면 된다.

생각해보라. 어린 시절에는 다시 시작하는 일이 많았다. 줄넘기를 시작해 세 번쯤 줄을 넘다가 발이 미끄러져 줄을 밟으면 "다시 해도 되지요?"라고 묻지 않았는가? 말하자면, 다시 그런 기분이 되는 것이다.

◎ 그는 인생을 바꾸었다. 전에는 침울하고 불행했다. 이제는 불행하고 침울하다.　　　　　　　　– 로버트 프로스트Robert Frost(시인)

칼라라는 여성은 남편이 늘 기분 나쁜 얼굴로 집에 돌아왔던 이야기를 들려주었다. 남편은 집에 들어오자마자 문을 쾅 소리 나게 닫고 가방을 탁자 위에 던진 후 쿵쾅거리며 집 안을 돌아다녔다고 한다. 운 나쁘게 그런 순간에 얼굴을 마주친 식구가 있다면 한바탕 싫은 소리를 들어야 했다.

"전 오랫동안 참고 지냈어요. 남편이 마음에 들지 않는 직장을 돈 때문에 다닌다는 걸 알고 있었으니까요. 게다가 출퇴근으로 하루 몇 시간을 허비하고 있었으니 화가 나는 것도 당연하다고 여겼지요.

하지만 그렇게 몇 년이 흐른 어느 날 문득 깨달았어요. 저는 직장에서 기분 상하는 일이 있어도 식구들을 괴롭히지 않는다는 것을요. 아이들도 학교에서 늘 좋을 수는 없겠지만 집에 와서 신경질을 내지는 않지요. 저는 마침내 태도를 바꾸기로 했어요.

그날 저녁도 남편은 늘 그렇듯 불만스러운 모습으로 나타났어요. 저는 남편이 던진 가방을 집어 남편 팔에 들려주며 밖으로 내보냈어요. 그러고는 문 밖의 남편을 보며 말했지요. '그렇게 찌푸린 얼굴 보는 데도 이제 질렸어요. 우리 역시 힘든 하루를 보냈지만 당신한테 풀지는 않잖아요? 이제부터는 집에 오면 가족을 제대로 대우해줘요. 나쁜 기분은 회사에 두고 오라고요.'"

그래서 어떻게 되었느냐고 묻자 칼라는 미소를 지었다.

"남편은 제 말을 알아듣더군요."

19   참아야 할 때, 참지 말아야 할 때

○ 인내는 무관심의 다른 이름일 뿐이다.

– 서머싯 몸Somerset Maugham(소설가)

〈텅후〉워크숍에서 이성을 잃은 고객을 어떻게 대해야 할 것인가를 두고 한창 논쟁을 벌이고 있을 때 금융 컨설턴트라는 여성이 자기 이야기를 시작했다.

"제 첫 직장에서는 '고객이 늘 옳다'라는 규칙이 있었어요. 이론은 멋지지만 실전은 달랐지요. 끝없이 요구를 늘어놓는 고객들, 직원은 마음대로 부려도 된다고 여기는 고객들이 있었거든요. 저는 모든 인간은 존중받을 권리가 있다고 배우며 자랐고, 그래서 하인처럼 굴욕적으로 명령을 받아야 하는 상황을 용납할 수 없었습니다.

어느 날 VIP 손님 한 명이 전화로 투자 수익이 너무 낮다고 격하게 불만을 토로했어요. 한동안 공손히 들으면서 시장 상황이 안 좋다고 설명한 후 해결 방안으로 화제를 돌리려 했지요. 하지만 그 손님은 계속 상스러운 말만 되풀이하더군요. 화풀이 상대를 찾아 전화한 게 분명했어요. 결국 저는 말을 가로막고 '손님, 저도 손님을 도와드리고 싶습니다. 그러려면 저를 좀 존중해주십시오'라고 했지요.

손님은 제 말에 아랑곳없이 계속 욕설을 퍼부었어요. 한 번 더 같은 말을 해도 소용이 없었지요. 저는 어쩔 수 없이 '손님, 저는 생산적인 대화를 시도했지만 잘 안 되는군요. 이제 전화를 끊겠습니다. 침착하게 저희를 존중하며 말씀하실 준비가 되면 전화 주십시오'라는 말과 함께 통화를 끝냈습니다.

그 손님이 지점장에게 전화해 항의할 것이 뻔했기 때문에 저는 신속히 그 통화 내용을 정리해 상사에게 보고했습니다. 실제로 손님이 항의 전화를 했을 때 고맙게도 상사는 제 편을 들어주었어요."

O 열린 마음은 중요하다. 하지만 무엇이든 마음대로 들락날락
   할 수 있도록 해서는 안 된다. 때로는 굳세게 문을 닫을 수
   도 있어야 하는 것이다.   – 새뮤얼 버틀러Samuel Butler(소설가)

저축은행에 다닌다는 한 참석자도 여기에 합세했다.

"저도 동감입니다. 우리 은행의 모토는 고객이 대부분의 경우 옳지만 늘 그런 것은 아니라는 것입니다. 도를 넘는 고

객에 대해 무조건 참지는 말라는 것이 암묵적인 규정입니다. 우리 직원을 함부로 대하는 고객은 잃어도 어쩔 수 없다고까지 생각합니다. 어느 날 저는 부하 직원이 수십 분이나 시달리다가 결국 상사인 저한테로 넘긴 고객의 전화를 받았습니다. 그 직원은 몇 년 동안이나 일해온 유능한 사람이었고 아주 공손했지요. 그 직원이 넘길 정도면 아주 까다로운 고객일 게 분명했습니다.

상사에게 전화가 넘어가면 대부분의 고객들은 흥분을 가라앉힙니다. 문제를 해결할 힘이 있는 상대라고 판단하기 때문이지요. 저도 그런 신뢰감을 주려고 노력합니다.

하지만 이 고객은 달랐어요. 저랑 통화를 시작하면서도 여전히 소리를 지르고 화를 내더군요. 저는 해결책으로 화제를 돌리려 했지만 먹히지 않았어요. 소득 없이 십여 분을 보내고 난 뒤 저는 상대의 말을 끊고 '손님, 오늘은 저희가 손님을 만족스럽게 해드리지 못할 것 같습니다. 원하신다면 창구로 전화를 돌려 계좌의 돈을 다 빼드리겠습니다. 마음에 드는 다른 금융기관을 찾으시지요'라고 했습니다.

그러자 손님은 몇 번 씩씩거리더니 '거래를 끊겠다는 건 아니오'라고 하더군요. 저는 '알겠습니다. 그렇다면 어떻게 문제를 해결할지에 대해 이야기해볼까요?'라고 대화를 이끌어 갔습니다. 이 손님은 이 정도로 해결되었지만 끝내 이성을 찾지 못하는 고객도 있습니다. 그러면 전 직원들에게 그 고객을 포기해도 좋다고 합니다. 직원의 판단을 믿는 거지요. '죽는 날까지 너희를 괴롭히겠어'라고 작정한 고객 한 명 때문에 하루 종일 시달리는 것보다는 호의적인 고객 수천 명에게 더 좋은 서비스를 제공하고 싶거든요."

○ 관용은 적절한 상황에서는 미덕이다. 하지만 당신이 관용받지 못하는 상황, 더 나아가 당신의 목이 잘릴 상황에서까지 관용할 수는 없다. — 제임스 프루드James Froude(역사학자)

　　당신 인생에도 '죽는 날까지 너를 괴롭히겠어'라고 작정한 악질적인 사람이 있는가? 여성 탐험가 프레야 스타크Freya Stark는 "인내가 악을 선으로 바꿔주리라는 생각은 철저한 착각이다"라고 말했다. 악을 행하는 사람이 당신을 수단으로 이용하지 못하도록 하기 위해서도 '참지 않는 것'은 그 자체로 미덕이 된다.

　　하지만 입을 열어 대항하기에 앞서 반드시 그 결과를 미리 예상해볼 필요가 있다. 참지 않는 데는 필연적으로 위험부담이 수반된다. 악질적인 사람에게 정면으로 맞서는 것이 늘 성공하지는 않기 때문이다. 언제 인내하고 언제 인내하지 말아야 하는지에 대해서는 뒤에서 다시 언급하게 될 것이다.

여기서 잠깐! 참지 않음으로써 긍정적인 결과를 이끌어내는 여러 상황에서 '나' 대신 '당신'이라는 주어가 사용되고 있다는 점을 눈치챘는가? 이는 지금까지 배워온 대화법과는 다를지도 모르겠다. 다음 장에서는 어째서 '당신'을 주어로 삼는 것이 악질적인 사람을 대하는 데 좋은지 살펴볼 것이다.

•• *Action plan* ••

- 걸핏하면 특정 대상에 대한 편견을 드러내며 말하는 사람을 알고 있는가? 그런 말을 들었을 때 당신은 어떻게 행동했는가?
- 참지 않음으로써 긍정적인 결과를 얻는 방법을 앞으로 어떻게 실천할 생각인가? 참아 넘기지 못할 말을 들었을 때 앞으로 어떻게 할 계획인가?
- 누군가의 발언을 메모해야겠다는 생각이 든 적이 있는가? 그런 행동이 상대의 행동을 중단시켰는가? 그 상황에 대해 설명해보라.
- 고객은 늘 옳다는 지침을 따라왔는가? 진정으로 그에 동의하는가? 예외 상황은 무엇이라고 보는가?
- 그냥 넘어가지 못할 행동을 하는 고객을 상대하고 있는가? 그 고객을 잃게 된다 하더라도 책임을 질 준비가 되어 있는가?

✖ 유해한 믿음/행동

곁에 있는 사람을 무작정 사랑하고 인내하기 '아버지가 저렇게 완고하고 독선적인 발언을 하실 때면 정말이지 마음이 불편해.'

상황을 방치하기 '크리스마스잖아. 오랜만에 다들 모인 자리인데 분위기를 망치긴 싫어.'

아무 말을 하지 않아 상대가 눈치채지 못하게 하기 "아버지, 축구 경기 결과에 대해서는 어떻게 생각하세요?"

험한 말을 마구 퍼붓는 상대에게 반격하기 "전 그런 돼먹지 않은 말을 들을 이유가 없단 말이에요!"

✦ 유익한 믿음/행동

그럴 만한 자격을 갖춘 사람만 사랑하고 인내하기 "전 아버지를 사랑하지만 저희와 함께 계실 때는 그런 말을 안 하시면 좋겠어요."

편견을 내버려두지 않기 '매년 이런 일이 반복되잖아. 아버지한테 말하지 않는다면 앞으로도 반복될 거야.'

개입하여 상대에게 문제를 인식시키기 "아버지, 잠깐 이야기 좀 하시겠어요?"

상대가 험한 말을 퍼부으면 메모하기 "실례지만, 이름이 어떻게 되시죠?"

20   내용이 아닌 의도에 답하기

○ 모욕에 대처하는 방법은 망각뿐이다.
   – 조지프 애디슨Joseph Addison(정치인 겸 문인)

　　모욕에 대처하는 방법은 망각뿐이라고? 아니, 모욕에 대
처하는 최선의 방법은 '나'가 아닌 '당신'을 주어로 삼아 답변
하는 것이다. 타인을 통제하기 위해 비난을 일삼는 사람을 상
대할 때 꼭 기억해야 할 점이다. 못된 사람은 우리를 시험해
어떤 식으로든 반응을 이끌어내려 한다. 자기 생각과 다른 말
을 하기도 한다. 그저 당신을 발끈하게 만들려고 말이다. 상
황이나 기분을 망쳐놓고 당신이 부르르 떨며 화내는 모습을
보는 것. 그것은 악질적인 사람들이 자기 권력을 확인하는 방
법이다.

　　이제부터는 사전에 의도된 자극적인 공격을 무시하고 그
이면의 전술에 초점을 맞추도록 하라. "난 그런 말을 한 적이
없어!", "그건 사실이 아니야!"라는 식의 분노 섞인 비난과 부

정은 그들에게 기쁨을 줄 뿐이다. 내용에 응답하면 이미 상대의 술수와 논쟁에 휘말리는 꼴이 되기 때문이다.

가령 누군가 당신을 깔보는 듯한 말을 던졌다면 그 말을 받아 상대방에게 던지도록 하라. "이건 기술적인 문제여서 어차피 당신은 이해 못 할 테니 설명하느라 시간 낭비하고 싶지 않아"라는 말을 들었다면 "방금 뭐라고 하셨지요?"라고 되묻고는 입을 다무는 것이다.

상대가 경솔한 말을 반복하도록 만드는 것은 모욕을 그냥 넘기지 않겠다는 의사표시가 된다. 이 간단한 질문으로 궁지에 몰리는 존재는 이제 당신이 아닌 상대다. "방금 뭐라고 하셨지요?"라는 질문은 치고 빠지는 언어적 공격을 한 사람에게 설명을 요구함으로써 당신을 당하기만 하는 역할에서 벗어나게 해준다.

O 나는 은혜를 베풀고 싶지 않다. 그건 내려다보고 말한다는 뜻이기 때문이다.
　　　　　　　　　　　　　　　　　　 – 웬디 모건Wendy Morgan(배우)

며칠 전 장을 보던 중에 예전에 〈텅후〉 워크숍에 참석했던 롭을 만났다. 그는 환한 얼굴로 내게 다가오더니 자신의 성공담을 들려주었다.

"직장 동료 중에 꼴불견이 하나 있어요. 저보다 경력이

짧은데도 더 높은 자리로 승진했고 기회가 있을 때마다 학벌을 내세우는 사람이지요. 〈텅후〉 워크숍에 참석한 바로 다음 날 그 사람이 내게 다가와 일하는 모습을 잠깐 지켜보더니, 사무실 사람들이 누구나 들을 수 있을 만큼 큰 소리로 이렇게 이죽거렸어요. '엑셀 프로그램 때문에 애먹는 건가? 그러니까 대학을 갔어야지. 그런 건 1학년 때 다 배우거든.'

공개적으로 또다시 저를 모욕한 거지요. 하지만 그때는 제가 그냥 넘기지 않았어요. 자리에서 일어나 얼굴을 들이대고 '방금 뭐라고 했어요?'라고 되물었어요. 그 친구의 당황하는 얼굴을 보셨다면 좋았을 텐데. 입을 딱 벌리고 저를 쳐다보면서 아무 말도 못 하더군요. 그때까지 한 번도 그런 반응을 상상하지 못한 거예요. 더 이상은 한마디도 할 필요가 없었어요. 저는 그냥 대답을 기다리며 바라보고 있었지요. 그는 뭐라고 우물거리는가 싶더니 재빨리 자리를 피해버렸어요."

멋진 반격이 아닌가! '방금 뭐라고 했지요?'라는 질문이 성공한 이유 중 하나는 '나' 대신에 '당신'을 주체로 놓았기 때문이다. '당신'을 주체로 하는 질문은 책임을 정통으로 상대에게 돌린다. 발언의 내용이 아닌 의도에 답변함으로써 상대의 수작을 만천하에 드러내는 것이다.

21   '당신'을 주어로 말하는 데
       익숙해져라

○ 당신은 우루과이Uruguay(첫 글자 U와 You의 발음이 같은 것을 이
   용한 말장난)로 간다니 나는 내 갈 길로 가겠소.
   – 그루초 마르크스(희극 배우)

양심을 가진 상대와 말할 때라면 당연히 '나'를 주어로 삼
아야 한다. 하지만 양심이라곤 없는 상대 앞에서 '나'를 주어
로 삼는다면 웃음거리가 될 뿐이다. 못된 사람에게 "당신 행
동은 내 마음에 들지 않아요"라고 말한다면 그야말로 상대가
원하는 반응을 안겨주는 셈이다. 결국 그 행동은 반복될 것
이다.

더 나아가 악질적인 사람들은 자신의 나쁜 행동을 우리
가 떠맡게 만들려 한다. 여기서 '나는 대답한다'는 식의 문장
을 사용하면 우리는 계속 그들의 공격을 방어해야 하는 입장
에 놓이고 만다. 반면 '당신'을 주어로 삼으면 상대의 부적절
한 행동에 주의가 집중된다. 예를 들어 누군가 당신에게 농담

을 가장한 욕설을 했다고 하자. "그런 말투는 별로 마음에 들지 않는군요"라고 말했다면 이는 '나'의 반응일 뿐이다. 이에 비해 "그런 말은 당신 자신에게나 해요"라는 식으로 '당신'을 주어로 사용하면 공격의 화살을 상대에게 돌려버릴 수 있다.

○ 나는 발을 바꿔 디뎌야 할 때만 입을 연다.
   − 에밀리 페인Emily Paine(영화잡지 편집자)

'나' 대신에 '당신'을 주어로 사용하는 것이 처음에는 낯설고 어렵게 느껴질 수 있다. 다음 페이지의 목록을 보면서 미리 연습을 해두자. 큰 소리로 반복해 읽어서 새로운 문장 형태에 익숙해질 필요가 있다. 미리 충분히 연습해서 자연스럽게 입 밖으로 나올 수 있게끔 준비하라. 그래야 때가 왔을 때 기가 막히게 써먹을 수 있다. 당신의 유약한 모습을 기대하는 악질적인 사람에게 분명히 그냥 당하지는 않겠다는 의사가 전달되도록 해야 한다.

○ 마땅히 받을 것보다 적게 받기로 합의하는 순간 당신은 그 합의보다도 적게 받게 된다. − 모린 다우드Maureen Dowd(칼럼니스트)

받아들일 수 없는 행동과 타협하는 순간 우리는 한층 더

불리한 위치에 서게 된다. 내 친구는 이를 두고 "한번 양보하면 상대는 자기가 대장인 줄 안다"라고 표현한 바 있다.

Note

'나' 주어	'당신' 주어
• 이제 저를 그만 괴롭히시면 좋겠군요.	• 이제 그만두세요.
• 전 충분히 시달렸어요.	• 도를 넘으셨군요.
• 전 더 이상 걸핏하면 늦는 당신을 기다리고 싶지 않아요.	• 이렇게 계속 늦게 나오는 데 대해 사과하세요.
• 이건 별로 좋지 않다고 생각해요.	• 제대로 행동하세요.
• 전 막말을 듣는 걸 좋아하지 않아요.	• 그렇게 막말을 해도 내 마음을 바꾸지는 못할 거예요.
• 전 재촉을 받으면 마음이 불편해요.	• 내일 아침에 답을 받으실 겁니다.

애리조나의 어느 라디오 방송국 대표도 내게 '당신' 주어가 거둔 성공담을 들려주었다. 그는 성인이 된 후 줄곧 휠체어를 타고 지내야 했던 장애인이었다. 어느 날 해고 통지를 받은 직원이 달려와 위협하는 아찔한 사건이 일어났다고 했다.

"그 직원은 정말로 화가 났던 모양이에요. 사무실로 돌진해 들어와서는 저를 몰아붙이더군요. 제 위로 몸을 굽히고 주먹을 흔들어댔어요. 저는 뒤로 물러나는 대신 그의 눈을 바라보며 '자네가 의자에 앉으면 이야기를 시작하도록 하지'라고 말했어요.

놀랍게도 그 직원은 곧바로 의자에 앉더군요. 그때 제가 '난 고함지르는 건 싫어하네'라는 식으로 말했다면 그는 분명 '저도 해고당하는 건 싫어합니다!'라고 맞받아쳤을 겁니다."

그렇다. 그 상황에서 '나' 주어는 겁쟁이라는 인상을 주었을 것이다. 하지만 '당신' 주어를 사용함으로써, 즉 '나를 존중하며 말하라'는 메시지를 전달함으로써 직원의 복종을 이끌어낼 수 있었다. 그 상황에서는 공감보다는 권위가 더 필요했던 것이다.

22 아무도 다치지 않을 수 있다

○ '쓴맛'과 함께 '신맛'도 보게 될 것이다.   – 맬 행콕

'당신' 주어에 대해 세미나를 진행하던 중 한 여성 참석자가 의문을 제기했다.

"말씀하신 '당신' 주어는 또 다른 공격에 불과하지 않을까요? 폭력은 폭력으로 이어진다고 하죠. 한층 더 폭력적인 대화로 발전하지는 않을까 걱정이네요."

좋은 질문이다. 하지만 도를 넘은 행동에 대해 책임을 요구했을 때 상대편에서 '쓴맛', '신맛'을 느끼며 분노한 다음에는 고마워하는 경우가 많다. 남의 감정적 경계를 침범한 사람들은 의외로 그 사실을 미처 모르고 있는 경우가 많기 때문이다. '도와주세요! 전 계속 떠들어대고 있는데 멈출 수가 없어요!'라는 티셔츠 문구도 아마 그래서 나왔을 것이다. 자기 행동을 객관적으로 관찰하는 법을 모르는 사람들은 남들에게 의지할 수밖에 없다. 상대가 이런 상황이라면 당신이 관찰과

평가를 맡아줘야 한다.

니나라는 여성이 겪은 상황이 바로 그러했다.

"사촌이 정리 해고를 당했어요. '염려 말아라. 일자리는 안전하다'라는 말이 불과 일주일 만에 '직원을 절반으로 줄일 계획이다'로 바뀌더니, '미안하지만 팀 자체가 없어지게 되었다'로 끝나는 어처구니없는 일을 겪은 거지요.

이후 사촌은 일자리를 구하기 위해 온갖 고초를 겪었고 밤마다 저한테 전화를 걸어 하소연을 했어요. 처음에는 그 처지가 안쓰럽고 가슴이 아파서 잘 들어주었지요. 하지만 몇 주가 지나자 조금씩 지치더군요. 자기 전화를 받아주는 것이 제게 가장 중요한 일이라는 듯한 태도였거든요. 결국은 자동 응답기를 틀어두고 전화를 받지 않았어요. 썩 훌륭한 태도는 아니지만 진저리가 나서 어쩔 수 없었답니다. 이럴 땐 어떻게 하면 좋았을까요?"

나는 사촌에게 한밤중에 계속 전화하는 것이 도를 넘은 행동이라는 걸 알려주는 것은 예의에 어긋나지 않는다고 설명했다. 이는 권리-요구 시소 그림을 그려보면 분명해진다.

그저 문제를 회피하는 대신 "네가 겪은 일에 대해서는 정말 가슴 아프게 생각해. 또 새 직장을 구하는 데도 도움을 주고 싶어. 하지만 이 모든 상황이 얼마나 부당한지에 대한 한탄을 계속 듣고 싶지는 않아. 그런 말은 우리 둘 다에게 도움이 되지 않거든"이라고 분명히 말했다면 더 좋았을 것이다. 회피는 문제를 해결하기보다는 한층 심화시킬 가능성이 크기 때문이다.

◯   지루한 토론이라도 전쟁보다는 백배 낫다.
　　－ 윈스턴 처칠Winston Churchill

　　지루한 토론이 무시하거나 회피하는 것보다는 백배 낫다. 사촌 때문에 괴로움을 겪었던 니나는 나중에 사촌과 만나 심경을 털어놓았고, 사촌의 사과를 받았다는 소식을 전해 왔다.
　　"정말 놀라운 경험이었어요. 목소리를 높일 것도 없이 밤마다 전화에 시달리며 제가 어떤 감정을 느꼈는지 이야기하는 것으로도 충분하더군요."
　　니나의 교훈을 기억하자. 우리 기분을 분명히 이야기해주면 상대는 이를 추측하는 데 힘을 쓸 필요가 없기 때문에 나중에는 고마워한다. 솔직한 대화는 그 자체로 위안을 준다. 상대가 진심을 말하는지 아니면 가식적으로 말하는지 고민하지 않아도 좋으니 말이다. 또한 행간을 읽고 숨은 뜻이 무엇인지 머리 싸매고 고민하지 않아도 되니 말이다. 혹시라도 우리가 상대의 경계를 침범했을 때 바로 알려줄 것이라는 믿음은 관계에서 참으로 놀라운 역할을 할 것이다.

◎   현실과 마음의 관계는 100% 우연적이다.   – 인터넷에서 본 글

사람들은 우리 마음을 읽지 못한다. 당연하지 않은가. 사람들이 우리 느낌을 직관적으로 알아채리라 기대하지 말라. 이런 요행을 바라면서 의사소통을 포기해서는 안 된다.

'당신' 주어는 우리가 상대의 행동을 어떻게 생각하는지 알려주는 분명한 방법이다. 도덕적인 사람이라면 우리가 솔직히 말해준 것에 고마워할 것이다. 비도덕적인 사람이라면 우리가 자기의 술수와 권력 게임에 호락호락 당하지 않으리라는 사실을 깨달을 것이다.

이제는 분위기를 좀 바꿔보자. 다음 장에서는 대놓고 공격하지는 않지만 신경을 거슬리게 하는 사람에게 농담으로 대처하는 방법을 소개할 것이다.

•• *Action plan* ••

• 남과 대화할 때는 '나' 주어를 사용하라고 배워왔는가? 자기 잘못을 당신에게 덮어씌우려는 상대 앞에서는 간혹 '나' 주어가 위험하다는 것을 기억하라.
• 걸핏하면 당신을 비난하면서 책임을 지우는 사람은 누구인가? 어떻게 그 책임을 상대에게 되돌려 보낼 생각인가?
• 상대가 하는 말의 내용에 반응하는 대신 의도에 반응하는 방법을 어떻게 구체적으로 실행할 것인가?

- 치고 빠지는 언어적 공격을 일삼는 사람을 떠올려보라. 그 사람은 어떤 말을 주로 하는가?

✖ 유해한 믿음/행동

상대의 행동이 마음에 들지 않는다고 '나' 주어를 사용해 말하기 "제 요리 솜씨가 엉망이라고 말하는 건 불쾌하군요."

상대의 행동에 대한 나의 반응에 초점 맞추기 "음식 준비한다고 오후 내내 부엌에서 일했다고요."

상대가 알아서 변하기를 기다리기 '음식 준비하느라 종일 고생한 나한테 고마워해야 하는 것 아니야?'

비난의 내용 언급하기 "뭐라고요? 이게 너무 익었다는 거예요?"

상대의 말에 대응하기 "전 최고 수준의 요리사는 아닐지 몰라도 최선을 다했단 말이에요!"

✚ 유익한 믿음/행동

상대의 행동이 도를 넘었음을 '당신' 주어로 표현하기 "제 요리가 마음에 들지 않는다면 직접 요리해도 좋아요."

상대의 행동에 초점을 유지하기 "다음에 또 음식 맛을 비판하려거든 요리할 때부터 힘을 보태세요."

상대를 변화시킬 책임지기 "당신이 집에 와서 식사 준비를 돕는다면 더 맛있게 될 거예요."

비난의 의도 언급하기 "오늘 바깥에서 기분 상한 걸 나한테 푸는 건가요?"

상대의 전략에 대응하기 "제 기분을 망쳐버리려 해도 그렇게는 되지 않을 거예요."

23   공격을 유머로 받아치기 A to Z

○ 공격당했을 때 발끈하기보다 즐기는 법을 배우려면 한참 나
  이가 들어야만 한다.

                              — 펄 벅Pearl Buck(작가)

  펄 벅의 말에 기본적으로 동의하지만, 공격에 발끈하기보
다는 여유 있게 즐기는 법을 배우기까지 꼭 그렇게 오래 기다
려야만 하는 것은 아니다. 지금부터 배워보면 어떨까? 유머
는 악질적인 사람의 못된 행동을 재미있게 차단할 수 있는 방
법이다. 대체로 못된 사람들은 우리의 여러 특징을 짓궂게 물
고 늘어지곤 한다. 그 언어적 공격에 멋지게 한 방 날린다면
상대는 움찔하고 물러설 것이다.

  변호사로 일하는 내 친구는 이를 잘 실천하고 있다.

  "난 변호사를 비하하는 농담에 아주 질려버렸어. 물론 변
호사한테 당한 경험들 때문에 그런다는 건 알아. 하지만 시도
때도 없이 '변호사가 거짓말하는 때는? 입을 열 때'라든지 '바
다 밑에 변호사 천 명이 가라앉아 있는 상황은? 아주 긍정적

인 상황' 같은 이야기를 듣다 보면 좀 화가 나. 보다 못한 동료 변호사는 좀 뻔뻔해지라고, 그렇지 않으면 혼자 바보가 되고 만다고 조언해주었지.

생각해보니 동료의 말이 맞더군. 그래서 나는 내가 먼저 변호사 관련 농담을 수집해서 사무실에 붙여두었어. 그리고 모임에 나갔을 때 내가 변호사인 걸 안 상대가 '혹시 이런 얘기 들어보셨어요?'라고 익숙한 농담을 던지면 나도 거기에 하나를 더 보태주곤 하지. 내가 특히 자주 쓰는 농담은 '상어가 변호사를 공격하지 않는 이유는? 동업자에 대한 존중 때문'이라는 거야."

○ 스스로를 웃음거리로 삼는 사람은 남들의 웃음거리가 되지 않는다.
— 세네카Seneca(고대 로마 철학자)

작가 조지프 헬러Joseph Heller도 공격을 당했을 때 가볍고 유쾌한 분위기를 만드는 좋은 사례를 들려주었다.

"제가 《캐치-22》 이후 그만큼 훌륭한 작품은 하나도 쓰지 못했다고들 합니다. 전 그런 말을 들으면 '그 누구도 쓰지 못했지요'라고 응수하지요."

멋지지 않은가. 소설 《캐치-22》는 〈타임Time〉이 선정한 현대 100대 영문소설 중 하나로 이 시대의 지표가 될 만한 명작이다. 대중문화에 그만큼 영향력을 미칠 수 있는 작가는 손에 꼽는다. 그가 이후에 발표한 모든 작품은 결국 《캐치-22》와 비교당하는 운명을 피할 수 없다. 이를 잘 아는 헬러는 이후 작품에 대한 혹평을 이전 작품에 대한 칭찬으로 받아들이는 현명한 대처법을 선택한 것이다.

〈텅후〉 워크숍에 참석했던 아트라는 한 남성도 자기 경험담을 털어놓았다. 그렇게 하기까지 시간이 좀 걸리긴 했지만 그 역시 너무 심각하게 대처하지 않는 방식을 택했다고 말했다.

"서른여섯 살 무렵부터 머리가 빠지기 시작했어요. 발모제도 쓰고 전용 샴푸로도 관리했지만 별 소득이 없었습니다. 한 5년 동안 탈모를 해결하기 위해 돈을 아끼지 않고 온갖 시도를 했지만 전 결국 이길 수 없는 싸움이라는 걸 깨달았어요. 그리고 탈모에 대해 웃으며 받아들이기로 작정했지요.

이제 누군가 제 머리 이야기를 하면 전 바로 농담으로 받아칩니다. '전 머리카락이 줄어드는 것이 아니라 얼굴이 넓어지는 중이에요'라든가 '전 대머리가 아니라 머리카락 기부자랍니다'라고 말하는 거지요. 제가 쓸데없는 열등감을 느끼지 않는다는 걸 알게 된 사람들은 함께 웃고는 다른 화제로 넘어가더군요."

마지막이 중요하다. 못된 사람들은 자기 전략이 잘 먹히지 않는다는 것을 알면 바로 후퇴해버린다. 우리를 당황스럽게 하고 화나게 만들겠다는 목표가 사라졌기 때문이다.

○ 유머는 우주에 맞서는 또 다른 방어 시스템이다.
    – 멜 브룩스Mel Brooks(영화감독)

사실 언어적 공격에 유머로 맞서라는 신문 기사나 책들은 이미 많이 나와 있다. 다만 구체적인 방법을 제시하지 않는 것이 문제이다. 악질적인 사람이 우리의 감정적인 취약 지대를 정조준했을 때 어떻게 방어하면 좋을까? 어떻게 침착한 어조로 격조 있게 한마디를 내뱉을 수 있을까? 다음에 제시하는 여러 사례를 참조하라. 아마도 다음번에는 상처받지 않고 스스로를 방어하기가 좀 더 쉬워질 것이다.

• 이혼
"어쩌다 이혼하셨나요?"
"이렇게 설명하지요. 행복한 결혼 생활을 5년 동안 했습니다. 그런데 총 결혼 기간은 15년이었지요."

• 미혼
"이렇게 젊고 예쁘신데 왜 결혼을 안 하셨어요?"

함부로 말하는 사람과 대화하는 법

"글쎄요, 아마 그래서 안 한 것 같아요."

· 나이

"나이가 어떻게 되세요?"

"그냥 내 등이 나보다 더 늙었다고만 해두죠."

· 몸매

"어째서 운동으로 몸 관리를 안 하시죠?"

"난 곧 예순 살이 된다오. 바삐 나이 먹는 것만으로도 운동은 충분한 셈이지."

· 학력

"어느 학교를 나오셨나요?"

"ND입니다(No Degree, 즉 학사 학위가 없다는 뜻)."

"음, 버클리에서 학위를 받으려 했는데 결국 받지 못했습니다."

· 몸무게

"와, 살이 많이 찌신 것 같네요."

"저도 똑같은 말을 하려던 참입니다."

- 임신이라는 오해

"임신하신 거예요?" (하지만 임신이 아닐 때)

"네. 쌍둥이라네요. 이름은 벤과 제리예요." (Ben & Jerry는 아이스크림 브랜드이다.)

문제를 해결하는 유머

○ 누구나 유머를 최우선으로 선택하지는 않는다.

– 우디 앨런

도를 넘은 상대에게 유머로 대응하는 것은 최우선적으로 할 수 있는 선택은 아닐지 모른다. 하지만 다른 시도가 모두 실패로 돌아갔을 때 시도해볼 만한 가치는 충분하다. 영국의 극작가 겸 배우 피터 유스티노프의 "내게 웃음소리는 가장 문명화된 음악으로 들린다"라는 말을 기억해보라. 때로 유머는 말귀를 제대로 못 알아듣는 사람을 설득하는 가장 효과적인 방법이 될 수 있다.

내가 전해 들은 어느 수의사의 이야기를 들어보자. 평소에도 진료비를 아까워하던 부인이 어느 날 전화를 걸어 왔다. 피피라는 자기 개가 발을 다쳤는데 동물병원에 데려갈 정도인지 모르겠다는 내용이었다. 물어보는 척하면서 공짜로 치료 방법을 알아내겠다는 의도가 분명했다.

십여 분간 밀고 당기는 통화가 이어진 후 수의사가 말했다.

"피피를 전화기 옆으로 데려오십시오."

부인이 놀라 "뭐라고요?"라고 되물었지만 수의사는 "어서 데려오시라니까요"라고 반복했다. 마침내 부인이 피피를 전화기 옆으로 데려왔다.

그러자 수의사가 "이제 피피를 안고 계십시오. 제가 발 상태를 좀 보겠습니다"라고 말했다.

"아니, 무슨 말씀이세요? 전화기를 통해 어떻게 피피 발을 살펴보신다는 거지요?"

부인이 발끈하자 수의사는 대답했다.

"바로 그렇습니다. 전화기로는 피피의 상태를 볼 수 없지요. 그러니 피피를 이리로 데려오세요."

○ 유머가 떨어지는 소리를 들을 수 있을 정도로 고요했다.
– 작자 미상

얼마 전에 마우이에 사는 내 친구는 여행을 하다가 누군가가 유머를 써서 문제를 해결한 사례를 목격했다고 한다.

"하와이에서 로스앤젤레스까지 가는 비행기 안이었어. 빈자리 하나 없는 만원인 탓에 모두 신경이 곤두서 있었지. 그런데 대여섯 살쯤 되어 보이는 남자아이 하나가 카우보이 모자를 쓰고 권총 쏘는 흉내를 내면서 통로를 마구 뛰어다니는 거야. 우리는 모두 아이 엄마를 보면서 아이를 좀 말려주기를 바랐지. 하지만 그 엄마는 더 어린 둘째를 돌보느라 바빠 큰 아이한테까지 신경을 쓰지 못했어.

결국은 직급이 좀 높은 것 같아 보이는 남자 승무원이 꼬마 카우보이에게 다가가더군. 쭈그리고 앉아 눈높이를 맞춘 다음 아이 어깨에 손을 얹으며 말했어. '바깥에 나가서 놀게 해줄까?'

꼬마 카우보이는 눈이 휘둥그레졌지. 그리고 자기 자리로 돌아가더니 도착할 때까지 일어나지 않았어."

○ 당신의 유머는 늘 나를 모욕하지.   – 영화 〈라이온 킹〉의 대사

'하지만 난 워낙 재미없는 사람인걸', '내 유머 감각은 늘 5분쯤 뒤에 발휘되는 편인데'라는 생각을 하고 있는가? 실제로 정곡을 찌르는 유머를 구사하기 위해서는 사전 준비가 필요하다.

찾아보면 다양한 유머를 제공하는 웹사이트들이 많다. 책도 있다. 필요하다면 세미나에 참석해도 좋다. 유머는 '낙관주의가 구현된 것'이라는 배우 로빈 윌리엄스의 말을 떠올려보라. 서로를 비웃는 것이 아니라 함께 유쾌한 웃음을 터뜨리

게 하는 유머는 타고난 자질 못지않게 부단한 노력의 산물이다. 미리 준비해둔다면 누군가 당신을 걸고넘어지며 사람들의 웃음을 유발할 때, 입술이 딱 붙어서 바보가 되는 곤란한 사태는 피할 수 있을 것이다.

·· *Action plan* ··

- 말만 나오면 당신이 민감하게 반응하는 문제는 무엇인가?
- 누군가 그 문제를 들고 나오면 당신은 무슨 말을 하는가? 아무 말도 못하고 쩔쩔매는가 아니면 입에서 나오는 대로 퍼부으며 반격하는가?
- 기억해둔 멋진 유머가 있는가? 자주 나오는 질문에 대해 유머러스한 대답을 준비해두는 사람을 알고 있는가? 그 사람은 누구이며 어떤 말을 하는가?
- 당황하여 쩔쩔매지 않고 제대로 일격을 가하기 위한 당신의 복안은 무엇인가?
- 거친 말을 내뱉는 대신 유머로 상황을 풀어가는 사례를 목격한 적이 있는가? 어떤 상황이었는가?

✖ 유해한 믿음/행동

약점에 대해 민감하게 느끼기 '기억력이 예전 같지 않은 게 정말 당황스러워.'

경직되기 '또다시 저 사람의 이름을 잊어버리고 말았어. 정말 부끄럽군.'

못된 사람의 언어적 공격에 속수무책으로 당하기 "자네, 노망이 난 모양이구만." "……."

'이렇게 말했어야 했어!' 증후군에 시달리기 '어떻게 그 사람 얼굴을 다시

대할지 모르겠어.'

✚ 유익한 믿음/행동

약점을 유머로 승화시키기 '좋아. 당황스럽게 여기거나 우습게 여기거나 둘 중 하나잖아.'

가볍고 유쾌하게 처리하기 "치매가 온 모양이네요. 이름이 뭐라고 하셨 지요?"

상대의 공격을 농담으로 받아치기 "맞아요, 전 세 가지를 자주 잊어버린 답니다. 이름, 생일……. 앗, 세 번째는 기억이 나지 않네요."

사전에 정보를 수집해 농담 준비하기 "제 기억력은 사진처럼 정확합니다. 다만 현상을 아직 안 했을 뿐이지요."

원망하고 비판하고 불평하는 건 바보라도 할 수 있다.
그런데 대부분의 사람들이 그렇게만 할 뿐이다.

데일 카네기|Dale Carnegie (작가)

3부

나의 자존감을 지키는
대화의 기술

25   나를 너무 좋아해서 그러는 걸까?

"진작에 제 직감을 믿었다면 그런 고통은 겪지 않았을 거예요. 론을 처음 만난 건 교회 수련회였지요. 바로 다음 날 저녁에 론은 산책을 나가자고 했어요. 그다음 날도, 그다음 날도 그랬지요. 여섯 번째 데이트를 하면서 청혼을 받았어요. 결혼이라는 건 생각도 해보지 않았지만 정신없이 진행되는 상황에 나도 모르게 그냥 휩쓸려 들어간 것 같아요. 론은 우리가 함께해야 할 운명이라고 주장했지요. 그리고 자기가 모든 걸 알아서 할 테니 자기만 믿고 따르라고 했어요.

정말로 그는 모든 걸 다 계획했더군요. 결혼식, 신혼여행, 집, 더 나아가서는 향후 5년간의 제 삶까지도요. 결혼식 전날 밤 저는 여동생과 함께 시간을 보냈어요. 여동생은 제 표정이 심상치 않다는 걸 알아채고 무슨 일이냐고 물었지요. 저는 울면서 고백했어요. '지금 당장 나가서 멀리 떠나고 싶어. 다시는 돌아올 수 없는 먼 곳으로 말이야.'

놀란 동생이 대체 왜 그러냐고 물었고 전 약혼자와 결혼하기 싫다고 말했지요. 청혼을 받아들인 건 그저 론이 우리 둘의 미래에 대해 확신하는 듯 보였기 때문이라고요. 제 직감은 그 결혼을 하지 말라고 말하고 있었지만 뒤돌아서기에는 이미 너무 늦은 때였어요."

O 행동은 말보다 더 큰 소리로 거짓말을 한다.

  − 캐럴 웰스Carole Wells(코미디언)

"제가 론이 원하는 대로 따라주었던 그 후 몇 년 동안은 그럭저럭 상황이 괜찮았어요. 하지만 제 의견이 생기기 시작하면서 균열이 일어났지요. 제가 남편이 원하는 일을 원하는 방식대로 하지 않으면 폭발했거든요. 무언가에 대해 의견을 묻는 것도 쉽지 않았지요. 상담 치료사에게 가서 상황을 설명했더니 치료사는 '왜 그렇게 사사건건 남을 통제해야 속이 시원한 사람과 결혼하셨나요?'라고 묻더군요.

저는 순간 어리둥절했어요. 남편이 모든 것을 사사건건 통제한다고는 생각하지 못했거든요. 그저 저를 진심으로 사랑하는구나 싶었을 뿐이지요. 상담 치료사는 론이 처음부터 통제력을 휘두르는 악질적인 면모를 보여왔으며, 제가 깨닫지 못했을 뿐이라고 설명했어요. 순식간에 목표를 세워 일을 추진해버리고 자신에게만 전념할 것을 요구하며 세세한 부분까지 일일이 챙기는 것이 모두 그런 유형의 특징이라고요.

돌이켜보니 다른 위험신호도 있었어요. 제가 미처 알아차리지 못했던 부분들이었지요. 결혼 첫해에 론은 저를 지인들로부터 단절시키기 시작했어요. 일요일 점심에 제 친구들이 함께 모여 밥 먹는 자리에 나가는 것을 싫어했고 늘 제 친구들 흉을 보았지요. 처음 만났을 때도 그는 자기 직장에 불만이 많았고 전처에 대해서도 악담을 해댔어요. 저는 그저 직장 상사나 전처가 좀 이상한 사람들이었나 보다 생각하고 말았는데, 시간이 지나면서 보니까 론이 만나는 직장 상사는 하나같이 바보 멍청이였고 그가 만났던 여자들은 한결같이 못되고 모자란 존재였더라고요. 론이 전처의 험담을 해댈 때마다 제 안에서 '언젠가 저 사람 입에서 나에 대한 험담도 나오게 될 거야' 하는 작은 목소리가 들리는 것 같았어요. 그때 직감에 따랐어야 했는데 말이지요."

♪Note

폭군을 판별하기 위한 체크리스트

1. 모순

심리학자들은 문제가 있는 사람의 첫 번째 특징이 모순된 행동이라고 지적한다. 당신한테는 친절하지만 식당 종업원에게는 거만하게 군다면 그의 본모습을 의심해야 한다. 인종차별적인 발언을 한 뒤 웃음으로 무마하려 한다면 그

본성을 알아차려야 한다. 아이들을 사랑한다고 말하면서 주변의 아이들에게 무심하거나 냉정한 태도를 보이는 것은 전형적인 언행 모순이다. 이런 사람의 말은 액면 그대로 받아들일 수 없다. 그 말이 진실인지 아닌지 계속 의심해야 한다.

2. 소유욕

늘 당신과 함께 있겠다고 고집하는 사람은 당신의 모든 것을 가지려 하는 위험한 존재이다. 소유욕은 소유하고 지배하려는 욕망이다. 못된 사람에게는 대개 친구가 많지 않다. 그래서 당신의 다른 인간관계를 시샘하고 분노한다. 당신이 다른 사람과 만나 시간을 보내고 있으면 자기를 방치했다는 죄의식을 심어주는 사람. 이전 애인에 대해 속속들이 알려 하고 연애 사실 자체에 분노하는 사람은 그러므로 위험하다. 이런 사람은 당신이 아끼고 사랑하는 모든 이들을 위협 요인으로 인식한다. 당신을 독점하려는 이런 성향은 시간이 갈수록 더 강해지고 집요해진다.

3. 비밀주의

자기 직장이나 집 이야기를 하고 싶어하지 않고 친구나 가족도 소개해주지 않는 사람은 무언가 숨기고 있을 가능성이 높다. 과거의 어떤 부분을 드러내지 않으려 한다면 감정의 앙금을 감추는 것일 수 있다. 알지 못하는 그 무엇이 언젠가 당신에게 상처를 입힐 수 있는 것이다. 베일에 싸인 사람이 처음에는 신비롭고 매력적으로 다가올 수 있지만 길게 보면 상대는 자신의 많은 부분을 털어놓지 못하는 외로운 존재일 가능성이 높다.

4. 증오

부모님이나 전前 배우자, 직장 상사에 대해 강한 증오심을 드러내는가? 그렇다면 그 사람의 어린 시절이나 이전 부부 생활에서 치유되지 못한 상처를 당신도 함께 해결해야 하는 입장에 처하게 될 수도 있다. '어디를 가든 그곳에 네가 있다'라는 말도 있지 않은가? 이런 사람은 증오의 원천이 외부가 아닌 자기 내면에 있다는 것을 알지 못한다. 이렇게 깊은 분노와 증오를 마음에 품고 사는 사람이라면 당신 역시 언젠가 그런 증오의 대상이 될 수 있다.

5. 동물 학대

개를 좋아하지 않는다거나 고양이 털에 알레르기가 있다든지 하는 것은 괜찮다. 하지만 죄 없는 동물을 의도적으로 괴롭히는 것은 전혀 다른 문제이다. 동물에게 심각한 상처를 입히고도 아무 문제 없다고 생각하는 사람은 인간성이 결여되었다고 보아야 한다. 의도적으로 동물에게 고통을 주는 장면을 보았다면 그 어떤 변명이나 설명도 들을 필요가 없다. 바로 그 자리를 빠져나와라. 다음번에 고통받을 동물은 바로 당신일지 모른다.

6. 말 바꾸기

당신이 한 말을 받아 의도하지 않은 의미로 바꿔버리는가? 그 사람 앞에서 당신은 종종 스스로를 끊임없이 방어하는 기분이 되는데 그 이유를 명확하게 설명할 수 없는가? 모호한 말을 하고는 당신이 제대로 의미 파악을 하지 못했다고 비난하는가? 악질적인 면모를 가진 사람들은 약속을 어긴 뒤 처음부터 약속한 적이 없다고 발뺌하는 일이 많다. 이는 당신을 극도로 화나게 만들어 판단을 흐리게 하려는 술책이다.

7. 자기 불행의 책임을 떠넘기기

자기가 기분이 나쁘면 당신 탓을 하는가? 자기가 슬픈 건 당신이 자기를 제대로 챙기지 않았기 때문이고, 화가 나는 건 당신이 던진 한마디 때문이고, 심통이 나는 건 당신이 함께 외출해주지 않았기 때문이라고 하는가? 이런 사람을 기쁘고 행복하게 만들 방법은 없다. 아직 제대로 어른이 되지 못한 상태라고도 할 수 있다. 자기 감정의 책임이 다른 누구도 아닌 자신에게 있다는 점을 깨닫지 못하는 한 영원히 그런 미성숙한 모습으로 남아 있을 것이다.

8. 병적인 완벽주의

사소한 일에 매달리는 성격인가? 누구도 엄두를 내지 못할 높은 목표와 기준을 고수하는가? 남에게 맡겼다가는 망쳐버릴 것이 뻔하다면서 직접 다 해야 직성이 풀리는 유형인가? 아직 밀월기를 보내고 있다면 당신은 상대의 끝없는 비난을 면할 수 있을지 모른다. 하지만 머지않아 그 사람의 방식대로 모든 것이 정확히 진행되어야 한다는 압박이 가해질 것이고, 당신은 그 무엇도 제대로 해내지 못하는 사람이 되고 말 것이다. '나한테도 결점은 있을지 모르지만 내가 틀린다는 건 있을 수 없다'라는 노동 운동가 지미 호파Jimmy Hoffa의 말에서 한발 더 나아가, 폭군은 자기 결점은 물론이고 자기가 틀릴 수 있다는 가능성도 인정하지 않는다.

9. 약점을 물고 늘어지기

폭군은 당신의 감정적 아킬레스건을 찾아내 이를 이용하는 데 탁월한 재능을 발휘한다. 가령 이기적인 사람이 되지 않는 것이 당신의 목표라면 폭군은 당신을 이기적인 사람이라고 몰아붙인다. 당신이 통제하거나 당하는 걸 원치 않는 사람이라면 이를 정확히 간파한 폭군은 왜 그렇게 자기를 통제하느냐고 비난한다. 부모 노릇을 잘하고 있는지 걱정하고 있다면 수준 이하의 부모라고 비판한다. 약점을 물고 늘어짐으로써 상대를 무력하게 만들고 자기는 전능한 존재가 되어 무제한적인 영향력과 권위를 행사하는 것. 이는 마키아벨리 Marchiavelli도 말했던 고전적인 통치 방법이다. 폭군의 목표는 당신이 자기 자신을 의심하면서 그저 무조건 복종하게 하는 것이다.

10. 희생하는 성자인 척하기

"어서 가서 친구들하고 재미있게 스키를 타고 와. 난 괜찮아. 하긴 누가 나처럼 따분한 사람과 함께 있고 싶겠어?"라는 식으로 당신에게 죄의식을 심어주는가? 누구에게도 제대로 인정받지 못하고 오랫동안 고통을 겪어온 사람처럼 행세하는가? 자기만 죽어라 일을 해내는 존재이고 나머지는 모두 무능력하고 농땡이나 치는 이기주의자라고 주장하는가?

11. 자기 권위에 대한 도전을 용서하지 않기

자기 경험이나 주장, 판단에 이의를 제기하면 벌컥 화내는가? 세상만사에 답을 가진 사람처럼 행동하는가? 이런 사람들은 자기가 쌓은 모래성이 무너질 것을 두려워하기 때문에 어떠한 도전도 참지 못한다. 그리고 계속해서 통제력을 행사하고 반격을 막기 위해 '내 방식이 답'이라는 입장을 고수한다.

당신이 그 사람에게 동의해주지 않으면 어떻게든 동의를 얻어내기 위해 강압의 강도를 높이는가? 그렇다면 모든 대화가 전쟁으로 번질 가능성이 크다. 전쟁에 돌입한 상대는 당신의 판단력이나 경험을 모두 깔아뭉갤 것이고, 결국 당신은 상대에게 도전할 힘과 용기를 모두 잃어버릴 수 있다.

12. 끝없는 거짓말

마크 트웨인은 "현실이 허구보다 더 낯설다"라는 말을 했다. 당신이 만나는 사람도 이런 유형인가? 자기가 이룬 성취를 과장하고 과시하는가? 이런 사람들은 가보지도 않은 곳에 가보았다고 하고, 만나지도 않은 사람을 만나보았다고 주장하며 남들보다 심리적 우위에 서려 하는 경향이 있다.

1970년대 중반에 나는 그랜드슬램 테니스 챔피언인 로드 레이버Rod Laver가 운영하는 골프 리조트에서 일한 적이 있다. 한 해에도 몇 차례씩 테니스 캠프가 열렸는데, 캠프가 시작되면 내가 일하는 골프 용품점에 많은 사람들이 들이닥쳐 물건을 고르곤 했다. 그런데 말만 번지르르하고 실속이 없는 사람은 나도 한눈에 알아볼 수 있었다. 늘 자기 경기가 얼마나 대단했는지 떠들어대는 사람 말이다.

당신이 만나는 사람도 그런 허풍을 떠는가? 자기가 얼마나 대단한 일을 해냈는지 입에 침이 마르도록 자랑하는가? 누구라도 만난 지 몇 분만 지나면 얼마나 돈이 많고 어떤 학위를 가졌으며 어떤 상을 탔는지 다 알게 될 정도인가? 자기 이력을 자랑하느라 당신에게는 아무것도 궁금해하지 않는 유형인가? 그렇다면 경계신호가 켜진 셈이니 주의하라.

26 언제나 책임은 나에게 있다고?

○ 당신에게 친절하지만 웨이터에게 무례하다면 그는 좋은 사람이 아니다.

— 데이브 배리Dave Barry(작가)

앞의 사례에서 등장했던 남자는 통제력에 집착하는 무서운 성격을 보여준다. 일차적으로 그가 약혼과 결혼을 비정상적으로 서둘렀다는 데 주목해야 한다. 시간을 끌다가는 상대가 자기 본성을 파악하게 될까 두려웠던 것이다.

얼떨결에 폭군 같은 사람과 결혼했던 여성처럼 치명적인 실수를 저지르지 않으려면 누군가를 만났을 때 그의 행동을 앞서 정리한 '폭군을 판별하기 위한 체크리스트'에 따라 평가해보는 것도 필요하다. 남의 권리를 무시하거나 빼앗거나 끊임없이 요구하며 시소의 위쪽에 앉으려는 행동 외에도 체크리스트에 언급된 특성들이 나타난다면 빨간불이 켜졌다고 봐야 한다. 몇몇 부분에서만 위험신호가 감지된다면 섣불리 관계를 진전시키기 전에 시간을 두고 상대를 면밀히 관찰하는 것이 좋다.

○ 어머니는 누구에게든 죄책감을 불러일으켰다. 심지어는 알
    지도 못하는 사람들한테서 사과 편지를 받는 일이 많았다.

　– 조앤 리버스Joan Rivers(코미디언)

워크숍이 끝난 후 스티브라는 참석자가 나를 찾아와 자기
경험담을 들려주었다.

"누구나 사람을 사귈 때는 말씀하셨던 체크리스트부터 검
토해야 한다고 생각합니다. 전 헤어진 여자 친구 생각을 하면
서 소름이 끼쳤답니다. 체크리스트에 있는 특성을 하나도 남
김없이 다 보여줬거든요. 절 집요하게 따라다녀 연인이 되었
는데 그 후부터 전 무엇 하나 제대로 할 수 없었어요. 제 전화
통화를 엿듣는가 하면 옛 여자 친구들 이야기를 캐물었지요.
다른 여자에게 눈길만 줘도 난리가 났어요. 더 끔찍했던 건
모든 게 다 제 잘못이라고 생각하게 만들었다는 점이지요.

헤어지기로 결심했을 때도 결국 이유는 '네가 관계를 포
기한 것', '네가 관계의 진전을 두려워한 것'이 되었지요. 그녀
는 자기가 차였다면서 제게 죄책감을 강요했어요. 무언가 잘
못되어가는 상황에서 자기가 기여한 부분에 대해서는 전혀
생각하지 않는 사람이었지요. 언제나 책임은 제게 있었어요."

○   비평가란 당신이 최악일 때 최고의 능력을 발휘하는 존재
    이다.
                                        – 토니 펠레토Tony Pelleto

    폭군은 당신 기분을 엉망으로 만드는 데 최고의 능력을
발휘하는 존재이다. 당신은 지금 폭군의 특성을 고루 갖춘 사
람을 상대하고 있는가? 아니면 '글쎄, 내가 만나는 사람이 때
로는 몇 가지 의심스러운 특성을 보이기도 해. 하지만 나도 그
렇잖아! 결국 완벽한 사람은 없는 거야'라는 생각이 드는가?
    물론 그 생각은 옳다. 핵심은 얼마나 자주 그런 행동을 보
이느냐는 것, 그리고 그 행동을 변화시킬 의지가 있느냐는 것
이다. 당신은 그 사람에게서 변화를 이끌어낼 수 있는가? 상
대는 자극과 동기를 받아들일 준비가 되었는가 아니면 무조
건 저항하는가? 관계를 유지하는 것이 나을지 아니면 당장
관계를 끝내 자신을 보호해야 할지 고민이라면 231~233쪽에
있는 질문들을 읽어보라. 일단 제일 먼저 판단해야 하는 문제
는 당신이 너무 마음 약하고 좋은 사람이어서 상대가 당신을
마음껏 이용하고 있는 건 아닌지 하는 것이다.

●● *Action plan* ●●

- 당신이 만나본 악질적인 사람을 떠올려보라. 그 사람은 처음부터 폭군의 면모를 드러냈는가? 그것은 어떤 특징이었는가?
- 당신은 상대의 그러한 행동이 일시적인 것이라고, 혹은 상황이 안 좋은 탓이라고 생각했는가? 구체적으로 설명해보라.
- 폭군을 판별하기 위한 체크리스트에 나온 것 중 다섯 가지 이상의 특징을 가진 사람과 만나고 있는가? 이제 폭군의 특징을 알았으니 그 사람과의 관계를 변화시켜야겠다는 생각이 드는가? 그렇다면 또는 그렇지 않다면 그 이유는 무엇인가?
- 당신은 그 불만족스러운 관계에 어떤 식으로 기여해왔는가? 당신의 역할은 어떤 것이었는가?

✖ 유해한 믿음/행동

폭군이 통제력을 휘두르도록 놔두기 "당신은 나랑 같이 이사하는 거야."

모순 "부모님과 나는 사이가 좋은 편이야. 하지만 몇 년 동안 만난 적은 없어."

소유욕 "나랑 사귀는데 왜 다른 친구가 필요하지?"

비밀주의 "그 이야기는 하기 싫어."

해결되지 않은 문제에 대한 증오 "그 자식이 나한테 한 짓은 죽어도 용서하지 않을 거야."

말 바꾸기 "난 그런 말 한 적이 없어. 당신이 둘러대는 게 분명해."

자기 기분에 대해 남 탓하기 "내가 해야 마땅할 승진을 당신이 했으니 내가 이렇게 우울한 거야."

완벽주의 "뭐 하나도 제대로 하는 게 없어?"

약점 물고 늘어지기 "당신은 당신 어머니랑 점점 똑같아져. 성질만 부리는 할망구 말이야."

권위에 대한 도전을 용서하지 않기 "당신은 지금 자기가 무슨 소리를 하는지도 모르고 있어."

✚ 유익한 믿음/행동

스스로 통제권을 행사하기 "난 내 집에 계속 살겠어."

일관성 "난 우리 부모님을 사랑해. 당신도 우리 부모님과 기분 좋게 만났으면 해."

당신을 남들과 공유하기 "친구들과 함께 재미있게 놀다 와."

솔직한 공개 "뭐가 알고 싶은지 말해봐."

문제 해결과 정리 "그 사람한테 많은 걸 배웠어. 덕분에 나도 더 나은 사람이 되었지."

말에 책임지기 "당신 말이 맞아. 그렇게 해야 한다고 내가 말했지."

자기 기분에 스스로 책임지기 "원했던 승진을 못 해서 슬퍼."

달성 가능한 목표와 기준 "설거지한 그릇을 잘 정리해줘서 고마워."

약점을 건드리지 않기 "당신은 지금 그대로 훌륭해."

자기가 모든 해답을 가졌다고 생각하지 않기 "그것도 좋은 지적이야."

27   어떻게든 사이좋게 지내야 한다는 강박에 관하여

○   지나친 민감함은 열등감의 또 다른 표현이다.

    – 알프레드 아들러Alfred Adler(정신의학자)

"이해할 수 없는 문제가 있어요. 전 남을 잘 배려하는 사람인데 어째서 제가 만나는 남자들은 하나같이 망나니인 거지요?"

어느 독신 여성이 물었다.

위에 소개한 아들러의 말이 그 대답이 될 수 있다. 지나친 배려는 남에게 인정받으려는 병리적 열망인지도 모른다. 악질적인 사람들은 어떻게든 남의 기분을 맞춰주려는 사람을 기가 막히게 잘 고른다. 그런 사람이어야 마음껏 기대며 관계를 유지할 수 있기 때문이다.

배려를 잘하는 사람과 악질적인 인물은 언뜻 상관관계가 없어 보인다. 그러나 상대를 지나치게 배려하고 맞춰주는 사람은 가정환경이나 부모와의 관계가 원만하지 못했던 경우가 많다. 다시 말해 부모나 양육자의 관심과 사랑을 받으려면 순종적이고 '마음에 드는 자식'이 되어야 했고, 그래서 어렸을 때부터 상대를 기쁘게 하는 데 최선을 다했던 것이다. 이들은 어른이 된 후에도 권위적인 존재의 환심을 얻어 인정받고 싶어하는 욕망이 있다. 그렇기 때문에 만약에라도 누군가 자기를 좋아하지 않는 상황이 발생하면 황급히 자기가 뭘 잘못했는지 돌이켜보고 상대에게 자기를 맞추기 위해 노력한다.

○ 남에게 맞춰주며 살다 보면 결국은 모두가 당신을 좋아하게 된다. 당신 자신만 제외하고는.
　– 리타 메이 브라운Rita Mae Brown(작가)

남에게 맞춰주는 사람의 모토는 '모두가 행복한가?'이다. 자기보다는 남들의 시각에서 세상을 바라보고 "이건 중요하지 않아" 혹은 "난 괜찮아" 같은 말을 하며 자기의 의견은 포기해버린다. 흔히 "전 괜찮으니 먼저 하세요"라고 말하는 유형이다. 그 결과 자기도 모르게 가족이나 동료, 지인들에게 일방적으로 이용당한다는 기분을 느낀다. 그러면서도 혹시나 소외당할지 모른다는 두려움에 거절하지 못하며 결국 하고 싶지 않은 일을 떠맡게 된다.

이미 눈치챘겠지만 이런 상황은 비용을 요구하게 마련이

다. 남이 먼저인 사람은 사이좋게 지내야 한다는 데 필사적이고, 평화를 지키기 위해 어떤 비용이든 치른다. 안타깝게도 많은 경우 그 대가는 자기 마음의 평화이다. 겉으로는 모든 것을 다 누리는 듯 보일지 몰라도 속으로는 남에게 이용당한다고 느끼는 것이다. 하지만 그 말을 입 밖에 내지는 못한다. 혹시라도 모두의 눈 밖에 날지 모르기 때문이다. 자기가 베푸는 배려와 친절을 모두들 당연하게 받아들이는 상황에서 혼자서만 상처받는 것이다.

○ 특정 시점에 특정한 사람들, 혹은 특정 시점에 모든 사람들을 기쁘게 할 수는 있다. 하지만 어느 때고 기쁘게 할 수 없는 종류의 사람들도 있다. – 톰 윌슨Tom Wilson의 만화 〈지기Ziggy〉의 대사

악질적인 사람들은 특별히 남에게 잘 맞춰주는 사람을 친구나 연인으로 선택하는 경향이 있다. 여기에는 네 가지 이유가 있다. 첫째 악질적인 사람들은 평판이 안 좋기 때문에 사랑받는 사람 곁에서 그 인기를 함께 누리려 한다. 매력적인 사람과 가깝다는 것만으로도 남들의 존중을 얻기에 충분하기 때문이다.

둘째, 악질적인 사람들은 지위에 집착한다. 대단한 인물인 척하는 것이다. 그래서 멋진 집, 값비싼 장난감, 어느 하나

빠지지 않는 연인을 소유하려 한다. 부러움과 시샘의 대상이 되고 싶은 것이다.

셋째, 악질적인 사람들은 다정하고 배려하는 성품을 내심 부러워한다. 하빌 헨드릭스Harville Hendrix의 인간관계 연구를 보면 우리 인간은 자기를 완성시켜줄 짝을 찾는다고 한다. 자기가 열망하지만 갖지 못한 자질을 짝에게서 얻고자 하는 것이다. 악질적인 사람들은 대인관계 능력이 부족하므로 의식적으로나 무의식적으로 사교성이 좋은 사람과 가까이 지내면서 남몰래 꿈꾸던 능력을 얻게 되길 기대한다.

마지막으로 악질적인 사람들은 남에게 맞춰주는 유형이 자신의 독재적인 방식에 따라주리라는 것을 잘 안다. 이런 사람은 거의 대부분 사이좋게 지내야 한다는 강박적 욕구 때문에 갈등을 회피하기 때문이다. 막무가내로 나가기만 하면 이런 유형의 사람은 별 수 없이 손을 들고 양보하고 만다는 것을 악질적인 사람들은 잘 알고 있다.

당신도 이렇게 남에게 맞춰주고 배려하는 성향인가? 다른 사람들 앞에서라면 매력적인 당신의 성격이 잘못하면 악질적인 사람을 불러들일 가능성이 있다는 점을 기억하라. 악질적인 사람은 그 성향을 칭찬하기는커녕 끝까지 이용하는 데만 관심을 둔다.

28   모두의 인정을 받으려는 마음은 비정상적이다

> **O** 남의 기분만 맞추는 사람은 자기가 제일 마지막에 잡아먹히기를 바라면서 악어에게 먹이를 주는 사람과 같다.
>
> – 윈스턴 처칠

"이거 정말 저를 두고 하는 얘기 같군요."

워크숍에 참석한 한 남성이 입을 열었다.

"저는 외아들로 태어났는데 어머니가 아주 차가운 분이었어요. 제가 한 일을 칭찬해주신 적은 한 번도 없었지요. 제 어린 시절은 어머니의 관심을 받기 위한 처절하지만 소득 없는 몸부림이었어요. 그러면서도 결혼할 나이가 되었을 때 어떤 사람을 골랐는지 아십니까? 어머니랑 똑같은 여자였어요.

결혼 후에는 아내를 기쁘게 하기 위해 온갖 노력을 다했지요. 하지만 뭘 하든 아내는 잘못된 점, 나쁜 부분부터 찾아냈어요. 기념일이라고 저녁에 외식을 나가면 꽃다발 선물을 잊었다고 원망했어요. 직장에서 승진하면 왜 더 빨리 하지 못했느냐고 비판했지요. 옷 선물을 하면 색깔이 마음에 들지 않는다고 불평했답니다. 아내를 기쁘게 하는 건 아무것도 없었어요."

마지막 말이 핵심이다. 세상에는 그 무엇으로도 기쁘게 할 수 없는 사람들이 있다. 특히 폭군이나 악질적인 사람들을 기쁘게 만들기는 불가능하다. 애초부터 만족하고 싶어하지 않기 때문에, 또 모든 것을 자기가 통제하고 싶어하기 때문에 그렇다.

악질적인 사람을 기쁘게 하려는 노력은 절대로 성공할 수 없다. 그들은 상대를 인정하지 않음으로써 계속 더 노력하도록 만들기 때문이다. 모름지기 인간관계에서는 감정적으로 거리를 둔 쪽이 우위에 서게 마련이다. 그들은 상대가 원하는 것을 주지 않는 방법으로 통제권을 차지한다. 그리고 무관심이나 공격성을 보여 상대에게 감정적 채찍질을 가한다. 남에게 맞춰주는 사람은 거부당하는 것을 몹시 두려워하고 힘들어도 계속 상대를 위해 노력한다는 것을 알기에 의도적으로 부정적인 행동을 하는 것이다.

○ 나는 얼마나 남들의 호감을 사고 싶은지, 그리고 남들이 좋
   아할 만한 일을 하고 싶은지!   – 찰스 램Charles Lamb(수필가)

문제는 남을 배려하고 맞춰주는 성향을 어떻게 바꾸는가
이다. 다음번에 또다시 상대의 강압에 굴복해 속마음과 달리
긍정적인 답변을 해야 할 상황이 오면(점심시간이 끝나도 들어오
지 않는 동료의 일을 대신 해주는 것이든, 보고 싶지 않은 영화를 억지
로 함께 관람하는 것이든) 우선 아래 소개한 질문들에 답해보라.

Note

남에게 맞춰주려 애쓰는 나는 누구이며, 왜 그러는가?
내가 이렇게 하는 이유는……

1. 상대에게 호의를 받았고 그 빚을 갚아야 공평하기 때문인가?
2. 상대에 대한 사랑 혹은 존경의 표현이기 때문인가?
3. 상대가 충분히 그 정도를 요구할 만한 존재이기 때문인가?
4. 상대에게 감사의 마음을 표하기 위해서인가?
5. 특별히 기념할 만한 상황을 축하하기 위해서인가?
6. 내가 해야 하는 '업무'이기 때문인가?
7. 그렇게 하는 것이 옳다고 진정으로 믿기 때문인가?
8. 나 스스로 그렇게 하고 싶기 때문인가?
9. 상대에게(그리고 인류에게) 긍정적으로 기여하고 싶기 때문인가?
10. 내가 원하는 무엇인가(돈, 지위, 만족감, 즐거움, 더 많은 여유 시간)를 대가로 받기
    때문인가?

11. 상대의 인정과 환심을 사고 싶어서인가?

12. 상대가 나한테 화내는 것이 싫어서인가?

13. 의무감 때문에 긍정적으로 대답해야 한다고 생각하기 때문인가?

14. 어떻게 거절하면 좋을지 모르기 때문인가?

15. 상대의 감정을 다치게 하고 싶지 않아서인가?

16. 이렇게 하지 않을 경우 사람들이 나를 나쁘게 볼 수 있다는 것이 두렵기 때문인가?

17. '남들은 다 이렇게 해'라고 상대가 나를 압박하기 때문인가?

18. 내가 숙이고 들어가지 않으면 상대가 소란을 피울 것 같기 때문인가?

19. 습관적으로 남들이 원하는 것에 동의하며 살아왔기 때문인가?

20. 상대를 거부할 만한 힘이나 용기, 단호함이 없기 때문인가?

1~10번 질문에 '그렇다'는 대답이 나왔다면 당신은 상대의 요구에 맞춰줄 충분한 이유를 가진 셈이다. 하지만 11~20번 질문에 '그렇다'라는 대답이 나왔다면 당신은 자신의 권리, 필요, 욕구를 배반하는 셈이다. 이 경우에는 상대가 원하는 대로 따르는 것이 당신을 위한 길이 아니다. 당신은 이미 남을 배려하고 맞춰주는 데 지나치게 골몰하는 병리적 상태에 있다.

29   당신의 입장을 토론하지 말라

○ 'No'라고 말할 힘을 가졌는가? 아니라면 아무 힘도 없는 셈
  이다.
                          – 소니아 프리드먼Sonya Friedman(심리학자)

자기 나름의 힘을 확보하려면 남들의 부당한 요구를 적절
히 거절하는 법을 익혀야 한다. 늘 남에게 맞추면서 살아왔는
가? 이제 '아니요'라고 말하기 위한 다음 네 단계를 통해 변화
를 시도해보자. 이제부터는 남들이 당신에게 무언가를 부탁
할 때 이 네 단계부터 생각하라.

1. 시간을 두고 결정 내리기

내 친구의 머그잔에는 '인내는 기다리는 사람에게 온다'라
는 문구가 쓰여 있다. 현명한 결정 또한 기다리는 사람에게만
온다. "좀 생각할 시간을 주세요"라고 말하라. 그래도 상대가
재촉하면 "좋아요, 지금 당장 답을 원한다면 '아니요'입니다"
라고 답하면 된다. 그리고 상대 앞을 떠나 혼자서 생각을 정

리해보라. 답변을 보류하고 상대의 영향권에서 벗어나면 정신적인 압박을 피할 수 있다. 그 상태에서 자신의 관점을 정리하고 '네'라는 답이 최선인지 생각할 여유를 갖는 것이다.

2. 상대와 만들어온 권리-요구 시소를 검토하기

상대는 늘 시소의 위쪽 자리를 차지하고 앉아 요구를 해왔는가? 관계를 유지하기 위해 당신은 늘 더 많은 책임을 떠안는 쪽이었는가? 당신은 매번 원하는 것을 포기하고 상대는 원하는 바를 거의 이루게 되는 일이 반복되지는 않았는지 생각해보라.

3. '아니요'라는 말이 권력 균형을 이루기 위해 필요한지 생각하기

당신의 요구가 충족되고 권리가 존중되며 바람이 실현되는 것은 상대가 아닌 당신 자신의 책임이라는 점을 인식하라. '네'라는 대답이 상대를 높이고 당신을 낮추는 불균형 관계를 영속화하고 있다면 이제 좀 더 공평한 관계를 위해 '아니요'라고 말할 때이다.

4. 간명하게 말하기

짧고 분명하게 답할수록 설득력은 커진다. 이리저리 둘러대는 설명은 삼가라. 왜 그런 결정을 내렸는지 구구하게 설명한다면 반격할 빌미를 주게 된다. 얼버무린다면 상대의 압박은 한층 거세질 것이다.

◎ **빠져나가는 것보다는 아예 처음부터 들어가지 않는 것이 더 쉽다.**
　　　　　　　　　　　　　　　– 마크 트웨인Mark Twain(소설가)

　　당신을 이용하고 조종하려 드는 상대는 당신이 자기 마음에 드는 대답을 해주지 않으면 괴롭히기 시작할 것이다. 만약 "지금까지는 늘 이런 일을 맡아 해주었잖아"라고 직장 동료가 불평한다면 거절의 말만 다시 반복하라. 결정의 이유를 설명할 필요는 없다. 마크 트웨인의 말처럼 논쟁이 벌어지면 빠져나가기 어렵기 때문이다.

　　가령 말이 길어지면서 당신이 "난 오늘 일이 너무 많거든"이라고 거절 이유를 대는 순간, 상대는 즉각 "겨우 한 시간만 대신 해달라는 거야"라고 설득할 것이다. "폭력적인 영화를 보면 마음이 불편해"라고 말하면서 완곡하게 거절하면 상대는 집요하게 압력을 가할 것이다. "그러지 말고 함께 보자. 평도 아주 좋아. 날 위해 그렇게 해줘."

　　상대가 원하는 것을 왜 우리가 하고 싶지 않은지 설명하다 보면 결국 논쟁으로 이어진다. 내 결정을 논쟁을 통해 정당화하는 것보다는 아예 처음부터 단호하게 거절하는 것이 훨씬 간편하고 효과적인 방법이다. "다른 사람에게 부탁해봐" 혹은 "난 두 번 다시 폭력 영화는 안 볼 거야. 그렇게 알아"라는 식으로 문제 해결의 책임을 상대에게 돌리는 것이다.

"내 마음은 이미 결정했어"라거나 "더 이상 왈가왈부하지 말아줘"라고 말해도 좋다. 상대는 붉으락푸르락 화를 낼지도 모른다. 하지만 당신은 이제 더 이상 자신을 희생하며 모두를 기쁘게 만들 필요가 없게 되었다. 거기에 자부심을 가져도 좋다. 무조건 남에게 맞춰주려는 병을 치료하기 위해 기억해야 할 것을 다시 정리하면 다음과 같다.

- 모두의 인정을 받으려는 마음은 비정상적이고 더 나아가 병리적이다.
- 당신의 요구와 필요를 다른 사람과 조율하는 일은 정당하고 옳은 일이다.
- 상대의 요구를 받아줄지 거절할지 결정하기 전에 '남에게 맞춰주려 애쓰는 나는 누구이며, 왜 그러는가?'라는 질문(169~170쪽 참조)을 검토한다.
- 도를 넘은 요구에 대해서는 이유를 설명할 것도 없이 단호하게 거절한다.
- 경우에 따라 '아니요'라고 말할 수 있는 힘을 발휘한다.
- 당신의 행동을 받아들이고 인정하는 주체는 당신 자신이 되

어야 한다는 점을 기억한다.

○ 자신이 아닌 남들의 행복을 위해 애쓰는 것이 어째서 도덕
  적인가? — 에인 랜드Ayn Rand(작가)

이 책에서 말하고 싶은 도덕이란 자신과 남들을 조화롭게
배려해야 행복할 수 있다는 것이다. 좋은 사람이 되기 위해
꼭 자기의 권리와 요구를 희생해야 하는 것은 아니다. 이 점
을 분명히 인식해야 당신을 몰아붙이는 말에 굴복하지 않고
버틸 수 있다. 다음 장에서는 어떻게 마음을 다잡아 못된 사
람에게 만만하게 보이지 않을 수 있는지를 다룰 것이다.

●● *Action plan* ●●

- 당신은 남들에게 맞추고 배려하는 유형인가? 만약 그렇다면 당신을 존엄한 한 인간으로 만드는 것은 무엇이라고 생각하는가?
- 동료와 윗사람에게 인정받으려고 지나치게 애쓰는 편인가? 구체적으로 설명해보라.
- 지금까지 줄곧 상대에 맞추면서 유지해온 관계가 있는가? 그 상대는 누구인가? 당신은 상대의 인정을 받기 위해, 혹은 좋은 관계를 맺기 위해 어떤 방법을 썼는가?
- 그런 관계가 당신에게 어떤 영향을 미쳤는가? 상대의 마음에 들기 위한 노력의 대가는 무엇이었는가?
- 속으로는 원치 않으면서도 상대에게 호의를 베풀었던 상황이 최근에 있었는가? '남에게 맞춰주려 애쓰는 나는 누구이며, 왜 그러는가?'라는 질문(169~170쪽)에 답해보라. 당신은 그 상대에게 왜 '네'라는 대답을 했는가?
- 지금 무언가를 해달라는 압박에 시달리고 있는가? 상대가 아닌 당신의 권리와 요구를 존중하는 방향으로 답하기 위해 어떤 단계를 밟을 생각인가?
- '아니요'라고 말할 힘을 갖기로 했다면 어떻게 상대의 압박을 이겨내고 거절할 생각인가?

✖ 유해한 믿음/행동

상대에게 맞추면서 인정받길 바라기 "알았어. 파리에 있는 동안 전쟁 박물관에 들르자고."

남들의 인정과 사랑이 내 자존심을 결정한다고 믿기 '내가 양보하지 않으면 남편/아내가 화를 낼 테고 그럼 둘 다 기분이 상할 거야.'

습관적으로 '네'라고 답하기 "좋아. 나도 거기서 배울 것이 많겠지."

힘도, 자부심도 없이 행동하기 "거기까지 다녀오면서도 테니스 경기를 보지 못하다니 너무 슬퍼!"

이유를 장황하게 설명하기 "늘 당신이 원하는 대로 하는 건 공정하지 못하다고 생각해."

✚ 유익한 믿음/행동

요구와 권리를 조화시키기 "당신은 전쟁 박물관에 가고 싶지만 난 프랑스 오픈 테니스 대회를 보고 싶은 거야."

공정한 관계가 내 자존심을 결정한다고 믿기 "나 역시 휴가 때 하고 싶은 걸 할 권리가 있잖아."

'남에게 맞추려 애쓰는 나는 누구이며 왜 그러는가?'라는 질문에 답해보기 "몇 분 정도 생각할 시간을 갖자고."

'아니요'라고 말할 수 있는 힘으로 자부심을 높이기 "이렇게 하자고. 당신은 박물관에 가고 나는 경기를 보러 가는 거야."

간명하게 말하기 "오늘 저녁에 호텔에서 만나 서로의 모험담을 듣기로 하자고."

30   명료하게 규칙을 선언하라

○ 나 자신의 혼란 외에 나는 누구에게 그 어떤 것도 줄 수 없다.
   — 잭 케루악Jack Kerouac(작가)

악질적인 사람에게 대항할 자신감을 가지려면 명료함이 꼭 필요하다. 왜냐고? 혼란은 몸을 굳게 만들기 때문이다. 자신이 무엇을 믿는지 불확실하다면 무슨 말을 하고 어떤 행동을 할지 알 수 없게 된다. 결국 아무 말도, 어떤 행동도 하지 못한다. 악질적인 사람들은 바로 그 불확실한 상태에 기대 원하는 바를 얻어낸다.

반면 명료함은 확신을 낳고 확신은 우리를 강하게 만든다. 생각해보라. 자녀들이 당신의 최우선 순위라면 퇴근 후에 친구들의 술자리 초대를 거절하는 것도 어렵지 않다. 아들의 축구 시합에 시간 맞춰 가는 것이 더 중요하기 때문이다. 마찬가지로 우리에게 존중받을 권리가 있다고 확신한다면 부당한 대우를 받았을 때 아무 말도 못 하고 가만히 있지는 않을 것이다.

○ 대체 난 내가 누구라고 생각하는 거지? – 그래피티 벽화의 문구

　다음에 소개하는 '명료화 선언'을 마음에 새겨라. 진심으로 그 내용을 믿어야 한다. 어디서든 그 내용을 볼 수 있도록 눈에 잘 띄는 곳에 붙여두고 지갑에도 넣어두었다가 필요할 때 꺼내 보자. 용기가 필요할 때면 다시 읽어라. 우리가 누군지 명료하게 알면 알수록 못된 사람에게 시달리고 굴복할 위험은 줄어든다.

명료화 선언

- 건강한 관계란 나 스스로 생각하고 행동할 자유를 누리는 관계임을 분명히 선언한다.
- 나는 인간이 선하고 좋은 존재임을 믿으며 그 믿음이 틀렸다고 증명될 때까지는 이 생각을 견지할 것임을 분명히 선언한다.
- 내 선한 의도를 이용하려 들지 않는 한 나는 친절과 공감을 베풀 것임을 분명히 선언한다.
- 상대가 게임의 규칙을 거부한다는 점이 확실해지기 전까지는 늘 원원할 해결책을 모색할 것임을 분명히 선언한다.
- 상대가 상식선을 넘어설 경우 명확히 지적하고 항의하는 것이 내 책임임을

분명히 선언한다.

- 침묵하며 괴로워하는 것은 문제를 영속화시킬 뿐임을 분명히 선언한다.
- 상대가 나에게 부당하게 압박을 가한다면 반격할 것임을 분명히 선언한다.
- 몸을 곧게 펴고 당당하게 걸음으로써 악질적인 사람에게 약하게 보이지 않겠다고 분명히 선언한다.
- 누가 뭐라 해도 나는 권리와 요구를 주장할 수 있는 가치 있는 인간임을 분명히 선언한다.
- 늘 '내 책임은 무엇일까?'라고 자문함으로써 악질적인 사람의 부당한 대우에 혹시 스스로 기여한 바는 없는지 살피리라 분명히 선언한다.
- 미리 경계를 명확히 해둠으로써 사람들이 선을 넘지 않게 하리라 분명히 선언한다.
- 더 이상은 '남에게만 맞춰주지' 않으리라 분명히 선언한다.
- 언어폭력을 수동적으로 당하지만은 않겠다고, 이로써 사랑하는 이에게 역할 모델이 되겠다고 분명히 선언한다.
- 자발적으로 희생양이 되지 않으리라는 것을, 그리하여 나를 계속 통제하거나 소유하려 드는 사람과의 관계는 끝내리라는 것을 분명히 선언한다.
- 칼날처럼 상처를 입힐 수 있는 말들을 하지도 듣지도 않으리라 분명히 선언한다.
- 삶은 십자가가 아니라 축복이라는 것, 내 귀한 삶을 못된 사람이 망치도록 놔두지 않을 것임을 분명히 선언한다.
- 내 신체적·정신적 건강은 내 책임이라는 것, 따라서 위험한 상황을 해결하기 위해 필요한 행동을 취하리라 분명히 선언한다.
- 자신을 포기하거나 단념하지 않겠다고 분명히 선언한다.

○ 인간의 언어에서 가장 위험한 문장은 '언젠가는 사라질 거
   야'이다.   − 치과 벽에 붙은 문구

노예 해방이 이루어진 후 세월이 한참 흘렀지만 아직도
우리 각자의 인권이 보장되어야 한다고 생각하지 못하는 이
들이 많다. 그리하여 각양각색의 이유로 자기 삶의 통제권을
남에게 넘겨버린 채 살아간다.

해방이란 억압, 통제, 속박, 권력에서 자유로워지는 것을
말한다. 우리의 목표는 스스로 자신의 권리장전을 만들고 못
된 사람에게서 해방되는 것이다. 못된 사람이 알아서 우리를
놓아줄 리는 없다는 점을 기억하라. 그럴 이유가 없지 않은
가? 호구 취급 당하는 상황을 종결시킬 책임은 우리 자신에
게 있다.

31   게임의 판세를 바꾸는 유일한 방법

◯ 미국에서 가장 놀라운 점은 부모가 자녀에게 철저히 순종한
   다는 것이다.   – 에드워드 8세Duke of Windsor(영국의 전前 국왕)

　1부의 도입부에서 못된 사람들은 성별과 연령, 외모 면
에서 얼마든지 다양한 모습을 갖고 있을 수 있다고 했던 말을
기억하는가? '명료화 선언'은 자녀와의 관계에도 적용된다.
윈저 공(에드워드 8세)이 지적한 대로 자녀를 훈육하는 대신 자
녀에게 복종하는 부모들이 생각보다 적지 않다.

　애비게일이라는 어머니의 사례를 보자.

　"스물두 살짜리 딸은 늘 저를 화나게 만들었어요. 제가
엄마였지만 딸은 저를 가볍게 가지고 놀았지요. 함께 쇼핑도
하고 옷도 바꿔 입고 인생의 자신감도 공유하는 그런 모녀 관
계를 전 늘 꿈꿨어요. 하지만 우리 관계는 그런 것과 거리가
멀었답니다.

　딸아이의 십 대 시절은 악몽 그 자체였어요. 정해진 귀가

시간을 어기기 일쑤였고 성적은 바닥을 기었으며 제 지갑에서 돈을 훔치기까지 했지요. 제 친구들은 십 대 시절에는 다 그러는 법이라며 크면 괜찮아질 거라고 했어요. 하지만 안타깝게도 딸은 그렇게 되지 않았어요.

대학을 졸업한 후 취직하지 못한 딸은 다시 집으로 돌아왔어요. 몇 달만 있겠다던 것이 반년으로 길어졌고, 딸은 한 해가 흐른 후에도 '마음에 드는' 직장을 잡지 못했지요. 소파에 누워서 드라마만 보는 딸 때문에 집안은 점점 엉망이 되어 갔어요. 붙잡고 무슨 말이라도 해보려 하면 짜증을 내며 무정한 엄마라고 몰아세웠답니다.

상담 치료사에게 데려가려고 했지만 그것도 거부했어요. 결국 저 혼자 치료사에게 갔지요. 처음 만났을 때 치료사는 거의 말을 하지 않고 제가 마음껏 속마음을 이야기할 수 있도록 해주었어요. 그리고 다음 몇 주 동안 상담 치료를 받으면서 저는 비로소 딸의 악질적인 행동에 당하고 있다는 것을 깨달았어요. 그 상황의 책임은 결국 규칙을 세우고 요구하지 않은 저에게도 있다는 것도요.

치료사는 '누가 부모인가?'라는 질문을 계속 스스로에게 던짐으로써, 그리고 딸아이가 원하는 것보다는 해야 하는 것을 하도록 유도함으로써 문제를 해결하라고 조언했어요. 제 잘못을 인정하라고도 했지요."

○ 손가락으로 남을 가리키는 사람은 나머지 네 손가락이 자신
을 가리킨다는 점을 기억해야 한다.

  – 루이스 나이저Louis Nizer(변호사)

어머니는 계속해서 말을 이었다. "상담 치료사는 시간이
너무 많이 흘러 그 시점에서 딸을 통제하는 일은 결코 쉽지
않을 거라고 말해주었어요. 그전까지 딸은 자기 멋대로 행동
하는 데 익숙해져 있었으니까요. 질 수밖에 없어 보이는 그
게임의 판세를 바꿀 유일한 방법은 그렇게 된 상황에 대해 제
가 책임을 지는 것이라고 하더군요. 결국 제가 방임했던 것이
문제라고요. 상담 치료사의 조언을 따라 저는 '집안 생활의 규
칙'을 정리하고 모녀 관계를 다시 세우는 과정에 돌입했어요.

다음 월요일에 저는 딸에게 첫 번째 가족회의를 열자고 말
했어요. 치료사는 가족회의를 정례화하는 것이 중요하다고 강
조했거든요. 저는 딸에게 그때까지의 상황은 다 내 탓이며 이
제 잘못을 깨달았으니 앞으로는 달라질 거라고 설명했어요."

○ 혼란은 폭발로 이어진다.   – 존 K. 뱅스John. K. Bangs(작가)

"전 집안 생활의 규칙을 알려주며 이제 성인이 되었으니
계속 부모 집에서 살고 싶다면 규칙을 따르라고 말했어요. 더

이상 난장판 속에서 살고 싶지 않다고요. 함께 사는 가족이라면 공동의 규칙을 따라야 한다고, 또한 집안일이나 청소도 분담해야 한다고 설명했어요. 규칙을 무시하거나 가족의 권리를 침해한다면 집에 살 권리를 잃어버린다고도 했지요.

딸은 당황한 표정이었어요. 저는 오래전에 마땅히 했어야 하는 일이었는데 부모 노릇을 다하지 못해 여기까지 온 것이라 말했어요. 이제라도 자식을 성숙한 시민으로 키워내야 한다는 걸 깨달았다고요. 하지만 얼마든지 다시 시작할 수 있다고 생각한다는 말도 덧붙였어요. 앞으로는 둘 다 책임 있게 행동해야 한다고요.

집안 생활 규칙 중에는 서로에게 욕을 하지 않는다는 예절 규칙도 있었어요. 저녁을 먹으러 오지 않을 때에는 6시까지 전화해서 알릴 것, 공동 공간의 쓰레기는 그날 바로 치울 것, 가사 노동을 분담할 것 등도 포함되었죠. 가족회의에서 우리는 해야 할 일의 목록도 만들었어요.

'네가 여기서 계속 살려면 조건이 있어. 매주 함께 상담 치료를 받으러 가야 한다는 거야. 여기에 이의가 있다면 치료사와 의논하도록 하자.' 그리고 저는 분명히 밝혔죠. '내 결심은 단호해. 네가 뭐라 하든 양보하거나 흔들리지 않을 테니 그런 줄 알아. 규칙을 한 번 어기면 경고를 받을 거야. 또다시 어기면 알아서 살 집을 구해 나가서 살도록 해. 아무리 빌고 애원해도 소용없을 줄 알아.' 그리고 앞으로는 얼굴 붉히는 일 없이 함께 살았으면 한다고, 이 결심은 제 일생에서 제일 잘한 일이 될 거라고도 했어요. 그건 정말로 그랬답니다."

이야기를 다 들은 워크숍 참석자들 가운데 한 명이 의심스럽다는 듯 물었다.

"어머니가 딸을 정말로 집 밖으로 내쫓을 수 있다고 생각하세요?"

나는 대답했다.

"그럴 각오를 해야지요. 안 그러면 또다시 종이호랑이로 전락해버릴 테니까요. 예고한 결과가 뒤따르지 않는 선언은 아무 소용이 없어요. 바로 그렇기 때문에 처음부터 제대로 된 제안을 내놓아야 하는 겁니다. 이 어머니는 과거의 잘못된 일들에 대한 자기 잘못을 인정했고, 새로운 규칙을 정했으며, 규칙 위반의 결과까지 예고했습니다. 훌륭합니다. 딸이 규칙을 어겨 집에서 쫓겨난다면 그건 어머니가 아닌 딸의 잘못이에요.

자녀가 자기 행동에 책임을 지도록 하는 '엄격한 사랑'은 꼭 필요합니다. 세상의 모든 부모들은 자식에게 세상이 자기를 중심으로 돌아가지 않는다는 것, 잘못을 저지르면 대가를 치러야 한다는 것을 가르쳐야 합니다."

32 이렇게 말하면
너무 직설적인 건 아닐까?

○ 몸을 뒤로 너무 많이 젖히다 보면 철퍼덕 엎어질 수 있다.

– 제임스 서버James Thurber(만화가)

지금 당신은 더 이상은 그냥 놔둘 수 없는 상황에 처해 있는가? 규칙을 제멋대로 어기는 상대에게 맞춰주느라 한껏 몸을 뒤로 젖힌 상태인가? 당신 자신이 맡아야 할 역할이나 지켜야 할 권리를 분명히 해두지 않아 문제가 더 심각해졌는가? 그렇다면 이제야말로 당신 나름의 명료화 규칙을 만들 때이다.

당신의 잘못이 무엇이었는지 꼭 언급해야 한다. 그렇게 하지 않으면 상대는 그때까지 그럭저럭 넘어갔던 행동이 갑자기 비난받는 상황을 부당하게 느낄 것이다. 이는 당신이 규칙을 명료하게 제시하고 요구하지 않았던 대가이다.

사실 상대방도 처음에는 자기 행동이 잘못되었다고 느꼈을지 모른다. 하지만 아무도 그에 대해 항의하지 않으므로 그리 큰 잘못은 아닐 거라고 여기게 된 것이다. '정말로 중요한 일이었다면 당신이 나서서 막았겠지. 그런데 그게 아니니 난 다 괜찮은 줄 알았어'라는 논리이다.

○ 난 내가 너무 직설적이지 않은지 끊임없이 걱정한다.
　　– 앨런 그린스펀Alan Greenspan(전前 미국 연방준비제도이사회 의장)

　　너무 직설적이고 분명할까 봐 걱정할 필요는 없다. 오히려 그렇지 않을 때 문제가 생겨나는 법이기 때문이다. 받아들여질 수 있는 것은 무엇이고 아닌 것은 무엇인지 정확히 알려줘야 도를 넘는 행동이 최소화된다.

　　내가 아들에게서 배운 좋은 표현이 하나 있다. 아들이 다섯 살일 때 집안 벽 곳곳에 온통 그림을 그려 벌을 받은 적이 있다. 한 시간 동안 자기 방에 혼자 앉아 있다가 밖으로 나온 아들은 내게 달려오더니 "이제 새 출발fresh start이죠?"라고 물었다.

　　그 후로 지나간 일에 미련이나 유감을 갖지 않겠다는 뜻으로 우리 가족은 '새 출발'이라는 말을 사용하곤 한다. 무언가 잘못되었다면 사과하고 해결한 뒤 손뼉을 친다. 그렇게 상황을 정리하고 깨끗한 상태로 새 출발하는 것이다.

　　뒤쪽을 가리키며 "이제 끝난 일이야"라고 말할 수도 있다. 칠판 지우는 흉내를 내면서 "이제 깨끗해졌어"라고 말해도 좋다. 이런 몸짓은 추상적인 말을 한층 더 구체적으로 만들어준다.

그 어떤 상황이라 해도 새 출발은 가능하다. 나름의 명료화 규칙을 설정하라. 그 규칙을 누구나 볼 수 있도록 붙여두어라. 내 잘못도 잊지 말고 언급하라. 규칙을 어기기 일쑤였던 상대에게 그건 다 과거의 일이라고 말하라. 그리고 앞으로는 달라질 것이라 믿으며 힘차게 새 출발하라.

◦◦ *Action plan* ◦◦

- 당신이 가져야 할 권리에 대해 가르쳐준 사람이 있었는가? 그 사람은 누구이며 어떻게 가르쳐주었는가?
- '명료화 선언'의 내용에 동의하는가? 수정하거나 보탤 것이 있는가? 어느 부분이 그런가?
- '명료화 선언'에서 더 이상 필요 없거나 유효하지 않은 항목이 있는가? 어떻게 수정할 계획인가?
- 못된 사람과 대면하는 장면을 상상하라. 구체적으로 어떻게 당신의 잘못을 시인하고 새 출발을 제안하겠는가?
- 이제부터는 전과 다를 것이라는 점을 어떻게 못된 사람에게 알려줄 계획인가?

✖ 유해한 믿음/행동

혼란으로 몸이 굳어지기 '저 사람이 그렇게 나쁜 것만은 아니야. 좋은 점

도 있을 거야.'

규칙이 없어 무엇이든 허용하기 '모두가 보는 앞에서 내 험담을 늘어놓는 건 정말 싫은데.'

못된 상대한테 끌려다니기 '섣불리 화나게 만들었다가는 생활비도 안 줄지 몰라.'

남 탓하기 "무슨 소리예요? 욕먹을 만하니까 한다고요?"

상황을 방치하기 '또다시 같은 행동을 되풀이하는군!'

✦ 유익한 믿음/행동

명료한 판단으로 행동하기 "나한테 욕을 하는 건 용납할 수 없어요."

명료화 선언을 만들고 지키기 "남들 앞에서는 서로를 비난하지 않기로 하지 않았나요?"

자신만의 규칙 만들기 "여보, 세상의 누구든 저를 모욕하는 말은 할 수 없어요."

자기 잘못 인정하기 "이런 일을 겪을 때 어떤 느낌인지 솔직하게 말하지 않았던 건 제 잘못이에요."

상황을 바꿔나가기 "두 번 다시 그렇게 하지 말아요."

33 앉아서 당하고만 있진 않겠어!

○ 옳은 일을 하기에 너무 늦은 때란 없다.

　　– 랠프 월도 에머슨Ralph Waldo Emerson(시인 겸 사상가)

옳은 일을 하기 위한 최선의 방법 중 하나는 당당한 자세를 갖추는 것이다. 못된 사람들은 몸짓언어를 통해 상대의 의지나 자신감의 정도를 파악하기 때문이다.

못된 사람들은 대개 자기보다 몸집이 작은 상대를 고른다. 당신이 만났던 악질적인 사람들을 떠올려보라. 혹시 당신이 의자에 앉은 상태일 때 말로 공격을 퍼붓지 않았던가? 왜 그럴까? 자기보다 낮은 위치에 있는 상대 앞에서 권력을 휘두르기가 더 쉽기 때문이다. 자기의 우월성을 강조하고 당신의 열등감을 부각시키기 위해 물리적인 위치를 활용하는 것이다.

매트라는 엔지니어의 경험담을 살펴보자.

"예전 직장의 동료 생각이 나는군요. 그 동료는 키가 작

앉는데 그 열등감을 보상하려는 심리 때문인지 군 복무 시절 자기가 얼마나 대단했는지를 늘 떠벌리고 다녔어요. 그 경험 덕분에 자기는 무엇이든 즉각 오류를 발견하고 시정할 수 있다나요? 어느 날 오후, 제가 책상에 앉아 작업을 하고 있는데 그 동료가 씩씩거리며 나타나 주먹으로 제 책상을 쾅쾅 쳐대며 우리 사업 비용 계산이 잘못되었다고 소란을 떨었어요. 비용 계산 문제는 다른 부서 소관인데도 말이지요.

전 자리에서 벌떡 일어났어요. 그리고 책상을 돌아 동료에게 다가갔지요. 상황을 제대로 파악하고 소란을 피우라고 말할 참이었지만 그럴 필요가 없었어요. 동료는 무슨 말인가 웅얼거리면서 줄행랑을 쳤거든요. 참고로 제 키는 180센티미터가 넘는답니다."

○ 날 혼자 내버려두지 않을 거라면 그렇게 해줄 다른 사람을 찾아보겠어!
― 머그잔의 문구

위 사례에서 매트가 본능적으로 깨달은 것은 일어선다는 것 자체가 '앉아서 당하고만 있지는 않겠어'라는 의사를 표시한다는 점이었다. 앉은 자세는 나의 의도와는 상관없이 상대의 우위를 인정 혹은 용인하는 의미이고, 결국 폭군의 행동을 강화시킨다. 반면 벌떡 일어났다면 더 이상 상대보다 낮은 위치가 아니다. 당신이 더 커질수록 악질적인 사람이 당신을 제압하려 들 가능성은 줄어든다. 더 적합한 다른 상대를 찾아가는 것이다.

언젠가 나는 전前 프로 농구 선수 출신으로《여자들이 강해질수록 남자들은 더 축구와 사랑에 빠진다The stronger women get, the more men love football》라는 책을 쓴 머라이어 버턴 넬슨Mariah Burton Nelson과 함께 골프를 칠 기회가 있었다. 대기 시간에 나는 혹시 살아오면서 악질적인 사람을 만나 시달린 경험이 있느냐고 물었다. 그녀는 잠시 생각하더니 "없는 것 같은데요"라고 답했다. 과연 그럴 만하다. 키가 180센티미터가 넘는 자신만만한 운동선수가 아닌가. 한마디로 악질적인 사람이 쉽게 공략할 상대가 아닌 것이다.

O 소심한 사람들이 있는 곳에는 언제나 악질이 있다.
    – 마하트마 간디Mahatma Ghandi

이 대목에서 내 친구가 불평을 했다.

"이건 불공평하다는 생각이 드는걸. 머라이어는 180센티미터가 넘는 키를 타고났지만 나처럼 작은 사람은 어떻게 하라는 거지? 당하면서 살 수밖에 없는 건가?"

그렇다. 일리 있는 지적이다. 하지만 본래 키가 크지 않다고 해도 크게 보일 수 있는 방법은 있다. 자그마한 사람이라도 적절히 자신감을 표출한다면 잠재적인 악질을 일찌감치 쫓아버릴 수 있다는 말이다.

범죄자들은 범행 대상을 찾을 때 먼저 자세를 본다고 한다. 걷거나 앉을 때 허리가 구부정한 사람은 표적이 되기 십상이다. 고개를 숙인다거나 시선이 불안정한 경우도 마찬가지이다. 자기를 보호하려는 듯 팔짱을 끼고 있다거나 주저하듯 조심스레 걷거나 힘없이 터덜터덜 걷는 것도 위험하다. 이런 소심한 자세는 악질을 불러들인다.

자신감 있는 사람들은 자세가 다르다. 어깨를 뒤로 당기고 곧게 선다. 가슴도 활짝 편다. 고개를 세우고 차분한 시선으로 세상을 바라본다. 걸음걸이는 분명하고 힘차다. 의자에 앉을 때도 자세가 흐트러지지 않고 힘을 발산한다. 이런 자세는 곧 '나는 내가 누구인지 알고 그런 나를 좋아한다'라는 메시지를 전달한다.

십 대 청소년을 대상으로 하는 잡지사에서 자신감에 대한 기사를 준비하면서 내게 인터뷰를 요청한 적이 있었다. 나는 제일 먼저 십 대 소녀들에게 가슴에 책을 안고 다니지 말라고 주문했다. 이렇게 하면 어깨가 앞으로 굽혀지고 수동적인 느낌을 주기 때문이다. 무거운 책은 배낭에 넣어 어깨에 메는 것이 좋다. 그러면 저절로 어깨가 뒤로 당겨지고 고개가 들리며 힘찬 발걸음으로 걷게 된다.

지금 옆에 있는 못된 사람 때문에 고통받고 있다면 우선 당신의 자세가 어떤 메시지를 던지는지부터 점검하라. 패배감이나 좌절감을 느낀다면 아마 자기도 모르게 그런 자세를 취하고 있을 것이다. 웅크리거나 어정쩡한 모습으로 불안감을 드러내고 있지는 않은가? 상대가 제발 나를 모른 척 지나가주었으면 하는 마음에 고개를 숙이고 있지는 않은가?

34 자신감을 몸으로 분출하는 법

"악질적인 사람들은 특히 원초적인 시각을 갖고 있다는 걸 기억해야 합니다. 주변 사람들과 비교해 자기가 '권력 사다리'의 어디쯤에 위치하는지부터 재빨리 판단하지요. 그 사람들이 보기에 세상은 커다란 사다리와 같습니다. 모든 사람은 권력의 위계 관계에서 높거나 낮은 자리를 차지하지요.

악질적인 사람들은 단 몇 초 만에 우리의 몸짓언어를 읽습니다. 자기보다 높다고 판단되면 건드리지 않아요. 하지만 주저하는 기색이 보이면 바로 덤벼듭니다. 이 때문에 제대로 신호를 보내는 일이 아주 중요합니다. 저는 부하 직원들이 올바른 자세와 동작을 통해 위엄과 권위를 전달하도록 훈련시킵니다. 이렇게 하면 실제로 싸울 일이 확 줄어들지요."

워크숍 참석자 중 보안 요원으로 근무했다는 해럴드가 들려준 이야기다.

마지막 부분을 다시 읽어보자.

"실제로 싸울 일이 확 줄어들지요."

다시 말해 당당한 자세가 싸움까지 예방하는 것이다. 그 자세는 우리가 스스로를 잘 통제하고 있고 누구도 섣불리 건드릴 수 없다는 메시지를 전달하기 때문이다.

○ 무언가를 하는 것만으로는 안 된다. 그것을 견지해야 한다.
  – 조지 슐츠George Shultz(전前 미국 국무장관)

어떻게 하면 힘 있는 자세를 취할 수 있을까? 우선 용기와 자신감부터 가져야 한다. '자신감이 없다면 어떻게 하지?'라는 생각이 드는가? 그렇다면 반가운 소식이 있다. 속마음은 아직 그렇지 않더라도 겉으로 용감하게 행동하는 일은 가능하기 때문이다. 내가 쓴 다른 책《언제든 다시 시작할 수 있는 용기》를 참고해도 좋다.

우리 인간은 생각과 느낌을 몸으로 드러내곤 한다. 그런데 이제부터는 반대로 몸을 통해 느낌을 조종해보자. 심리학자인 윌리엄 제임스William James는 50년 동안 인간 행동을 연구한 결과 감정을 행동으로 나타내는 것보다 행동으로 감정을 이끌어내기가 더 쉽다는 놀라운 결론을 내렸다. 힘 있게 행동하기 위해 먼저 결심부터 하려 든다면 아주 오래 기다려야 할지 모른다. 그렇다면 자신감을 몸으로 분출하는 법을 익히는 것부터 목표로 잡는 것이 빠르지 않을까? 비록 마음속에는 아직 자신감이 충만하지 않다 해도 말이다.

어떻게 해야 할까? 자세에 신경을 쓰면서 의도적으로 힘 있는 모습을 내보이면 된다. 본래의 나약하고 주저하는 모습 대신에 말이다. 몸이 뇌에게 어떻게 느끼라고 지시하는 대신 뇌가 몸에게 어떻게 행동하라고 지시하는 것이다. 다음 표에서 왼쪽의 목록은 불안이나 억압을 느끼는 자세이다. 설사 계속 불안하거나 중압감을 느낀다 해도 오른쪽의 자세를 취하

*N*ote

나약하고 온순한 자세	강하고 자신 있는 자세
• 고개 숙이기	• 고개 들기
• 뺨 수축시키기	• 뺨 부풀리기
• 얼굴 옆으로 돌리기	• 얼굴을 정면으로 두기
• 시선 떨어뜨리기	• 눈 크게 뜨기
• 옆을 바라보기	• 정면을 바라보기
• 어깨 늘어뜨리기	• 어깨 뒤로 당기기
• 가슴 구부리기	• 가슴 활짝 펴기
• 다리를 꼬거나 붙이기	• 언제든 일어설 수 있도록 두 다리를 약간 벌리기
• 한쪽으로 기울이며 서기	• 두 다리로 똑바로 서기
• 망설이는 듯 걷기	• 단호하게 걷기
• 구부정하게 앉기	• 곧은 자세로 앉기
• 상체 뒤로 젖히기	• 상체 앞으로 당기기
• 뒷걸음질치기	• 앞으로 걸어나가기

는 일은 가능하다. 그리고 그 자세를 취하는 것 자체가 자신감을 증대시키는 효과를 낳는다.

두 발을 땅바닥에 굳게 디디고 곧게 선 자세는 도망치지 않고 마주 대하겠다는 뜻이다. 두 눈을 크게 뜬다는 것은 내 앞의 문제를 외면하지 않겠다는 의미이다. 고개를 들고 상황을 바라본다는 것은 피하지 않고 맞설 준비가 되었다는 뜻이다. 대상을 향해 앞으로 걸어간다는 것은 당당히 받아들이겠다는 의미이다.

"전에도 몸짓언어의 중요성에 대해서는 들은 적이 있어요."

열심히 경청하던 한 워크숍 참석자가 말했다.

"하지만 자세를 통해 저나 다른 사람의 느낌을 통제할 수 있다는 생각은 미처 해본 적이 없어요. 정말 대단하군요. 제 감정은 통제할 수 없을지 모르지만 적어도 어떤 자세로 앉고 서고 걸을지는 통제할 수 있으니까요. 더군다나 힘 있는 자세로 인해 자신감까지 생긴다니 굉장해요!"

○ 나는 되고 싶은 사람처럼 행동했고 마침내 그런 사람이 되었다. 아니, 그 사람이 내가 되었다고도 할 수 있다.

    – 캐리 그랜트Cary Grant(배우)

거울 앞에 서서 권위를 뿜어내는 자세를 취해보라. 똑바로 서서 어깨를 당기고 머리를 들 때 얼마나 더 자신 있어 보이는지 직접 확인하라. 반면 고개를 숙이고 어깨와 가슴을 수그리면 얼마나 사람들한테 만만하게 보이는지도 살펴보라.

속으로는 용기가 나지 않더라도 용기 있는 자세를 취하는 일은 얼마든지 가능하다는 점을 꼭 기억하라. 그런 자세는 자신감을 분명히 전달한다. 자신감 있는 사람한테는 위험부담도 보상으로 바뀐다. 당신을 흘깃 바라본 못된 사람은 '이 사람은 안 되겠어. 다루기가 쉽지 않아 보이거든'이라고 생각할 것이기 때문이다.

•• *Action plan* ••

- 당신의 평소 자세에 대해 생각해보라. 그 자세는 어떤 신호를 보내고 있는가? 자신감인가 아니면 나약함인가? 구체적으로 설명해보라.
- 당신 주변에 악질적인 사람이 있는가? 만약 그렇다면 악질적인 사람 앞에서 당신이 취하는 자세는 어떤가? 시선을 피하며 웅크리고 있지는 않은가?
- '난 내가 누구인지 알아. 함부로 날 건드리지 마'라는 메시지를 전달함으로써 악질적인 사람을 물리칠 수 있는 준비가 되었는가?

✖ 유해한 믿음/행동

앉은 자세에서 모욕을 견디기 '저 친구가 내 자리로 와서 잔소리를 해대는 게 정말 싫은데.'

나약하고 온순하게 보이기 '어디로 사라져버렸으면 좋겠어. 저 친구는 대체 언제까지 떠들 작정이지?'

몸짓언어로 감정을 나타내기 '저 사람 앞에 있으니 난쟁이가 되는 것 같아.'

소극적으로 대처하기 '내가 아무 말 안 하면 저 사람도 눈치를 채겠지.'

✚ 유익한 믿음/행동

모욕을 받으면 벌떡 일어서기 "이봐, 좀 건설적인 조언을 하면 안 되겠어?"

권위의 아우라를 발산하기 (앞으로 다가서며) "자, 어떤 조언을 하려고 하는 거지?"

몸짓언어로 감정을 이끌어내기 (어깨를 당기고 상대를 똑바로 쳐다보며) "그러니까 그 프로젝트에 대해 어떻게 생각하는 건가?"

당당히 대처하기 (벌떡 일어서며) "충분히 들었으니 그만하지."

35 악의적인 농담에
격조 있게 대처하기

○ 내 의도와 달리 상대가 상처받았다는 것을 알고 마음이 불편
했다. 나는 내가 입히는 상처가 모두 의도적이기를 바란다.
— 마거릿 애트우드Margaret Atwood(작가)

악질적인 사람들이 즐겨 사용하는 방법 중 하나가 비열한
말을 내뱉은 뒤 "농담이었어"라고 덧붙이는 것이다. 그렇게
하여 의도적이지 않았다는 듯 위장하지만 실은 치밀하게 계
획된 말들이다. 여기다 대고 "난 상처받았어"라고 항의하면
짐짓 억울하다는 표정으로 "뭘 그렇게 예민하게 생각해? 그
냥 해본 소리라니까?"라고 답하는 것이 고작이다.

짓궂은 놀림은 사실 '농담'이나 '그냥 해본 소리'라는 말로
넘어가기 어렵다. 의도적이고 비열한 농담은 마음의 평화를
깨고 분노와 혼란을 불러일으키기 때문이다.

물론 짓궂은 놀림이 일상적인 소통의 방법으로 악의 없이
사용되는 경우도 있다. 하지만 못된 사람들은 흔히 이를 공격

　　　　　　함부로 말하는 사람과 대화하는 법

의 무기로 삼는다. 공격적인 말을 던진 뒤 그 결과에는 책임을 지지 않기 위한 술책이다. 상대의 분노를 자극하고 자존감을 무너뜨리기 위한 악의적인 행동이다. 자신의 분노나 질투를 분출하기 위해 상대를 희생양으로 삼는 교활한 농간이기도 하다.

자, 우리는 여기에 어떻게 대응해야 할 것인가? 다음에 소개하는 '악의적인 농담에 격조 있게 대응하는 법'을 통해 알아보자.

○ 내가 말벌이라면 내 침에 주의하는 게 좋을 거야.
  – 윌리엄 셰익스피어William Shakespear, 〈말괄량이 길들이기〉의 대사

1. 무덤덤하게 반응하기

어떤 말을 던져도 별 반응이 없는 사람은 공격의 대상이 되지 않는다. 악의적인 농담을 하는 사람은 상대가 말을 더듬는다거나 얼굴이 붉어진다거나 울음을 터뜨린다거나 하는 격한 반응을 기대하기 때문이다. 이런 반응은 곧 비열한 독설가의 승리를 의미한다. 그러니 둔감한 듯 행동하라. 틈을 보이지 말아야 한다. 과체중이나 여드름이 약점이라면 그에 대한 말은 못 들은 척하라.

하와이 출신의 어느 뛰어난 운동선수는 안짱다리 때문에

어릴 때부터 계속 놀림을 받았다고 한다.

"처음에는 속상했지만 나중에는 그냥 어깨 한번 으쓱해 보이고 지나가는 법을 배웠어요. 지금도 누군가 그 얘기를 하면 저는 안짱다리 덕분에 서핑 보드에서 떨어질 걱정이 없다고 말해주곤 하죠."

2. 악의적인 농담을 하는 사람의 의도를 파악하기

상대가 장난을 치는지, 단단히 작정하고 덤비는 것인지 알아내려면 얼굴 표정을 살펴라. 악의적인 눈빛을 번득인다면 이는 의도적인 괴롭힘이다. 반면 눈을 반짝거리고 있다면 청소년 시절의 장난기가 다시 발동했을 가능성이 높다. 악질적인 사람은 놀리는 말을 던져 감정적인 동요를 일으키려 한다. 하지만 단순히 상대의 관심을 끌고 대화에 참여시키려는 의도로 짓궂은 놀림을 동원하는 경우도 있다. 다소 유치한 방법이기는 해도 무시당하기보다는 어떤 반응이든 얻어낼 확률이 크기 때문이다.

3. 상대의 수법을 그대로 사용해 응수하기

상대가 사용하는 수법을 이쪽에서도 사용하면 저절로 이기는 게임이 된다. 먼저 당신이 상대를 웃음거리로 삼으면 상대는 더 이상 당신을 웃음거리로 만들지 못한다. "오, 놀리기

대장이 오셨군. 자, 한 방 날려봐. 오늘은 뭘 준비했는지 보자고"라고 말해보라. 그러면 당신의 반응보다는 '상대가 뭐라고 말하는지'가 관심의 초점이 된다. 놀림에 놀림으로 대처함으로써 상대가 아닌 당신이 상황을 장악하는 것이다.

4. 수적 우세 확보하기

다른 사람들이 함께 있는 자리에서 상대가 당신을 놀리거나 괴롭히는가? 여기에는 당신을 깔아뭉개는 것으로 자기 지위를 높이려는 목적이 있다. 이런 상황에서 핵심은 괴롭히는 상대가 아니라 다른 사람들을 향해 말하는 것이다.

"이 친구가 또 시작했군. 우리를 좀 놀려먹고 싶은 모양이야."

그러면 어느덧 당신과 다른 사람들이 함께 무리를 이뤄 상대와 대립하는 구도가 만들어진다. 수적으로 밀리게 된 상대는 슬금슬금 물러서거나 입을 다물 것이다.

5. 심드렁한 반응 보이기

상대는 당신을 자극하고 싶어한다. 이때 '이런 건 정말 따분해'라는 태도를 취한다면 상대는 자신의 목표와 정반대인 결과를 얻게 된다. 딴청을 피우며 말해보라.

"또 시작이네. 지난번에도 제대로 먹히지 않았을 텐데.

이번에는 뭘 생각해 왔나?"

　짜증 섞인 예민한 반응이 아니라 괜히 시간 낭비하지 말라는 식의 심드렁한 모습을 보이는 것이다.

6. 이유를 묻기

　"난 머리 염색한 것 아니라니까!" 혹은 "제발 그쯤하고 그만둬!"라고 반박하는 순간 상대는 승리감에 미소를 지을 것이다. 방어적으로 나가는 대신 핵심을 찌르는 식으로 공격하라.

　"왜 이러는 거지? 남의 기분을 망치면 기분이 좋은가 보지? 그런 유치한 즐거움밖에 모르나 봐?"

　상대의 속내를 밝히며 평가하면 상대도 손을 들어버릴 것이다.

7. 오히려 더 과장하기

　짓궂은 놀림을 유머로 대응하는 제일 좋은 방법은 즉각 동의한 후 내용을 덧붙이는 것이다. 컴퓨터에 대해 잘 모른다고 비아냥대면 이렇게 대답해보라.

　"맞아. 누가 나더러 어떤 컴퓨터를 쓰느냐고 물으면 난 베이지색 컴퓨터를 쓴다고 대답하거든."

　언어적 공격에 맞서기보다 함께 흘러가는 쪽을 택하는 방식이다.

내게 이 방법을 가장 잘 보여준 사람은 미식축구 선수 테리 브래드쇼Terry Bradshaw였다. 테리는 아주 능청스러운 사람이다. 왜 그렇게 못생겼느냐는 말을 들으면 "이렇게 생겨서 다행이야. 브래드 피트처럼 생겼다면 아침마다 면도하는 데한 시간은 걸릴 테니까"라고 답한다. 여러 차례의 이혼 경력이 화제에 오르면 "어머니는 늘 말씀하셨지요. 결혼은 가족이 아닌 사람과 하는 것이기 때문에 어려움을 많이 겪을 거라고. 정말 그 말이 맞더군요"라고 응수한다. 머리가 별로 좋지 않은 것 같다는 말에는 "맞아요. 하지만 몸싸움으로 먹고사는데 뭐 그렇게 머리가 좋을 필요는 없지요"라고 받아친다.

이런 식이니 테리 앞에서 누가 악의적인 농담을 날릴 수 있겠는가?

36 놀림받았을 때 해야 할 말

○ 아침에 일어나 내가 제일 먼저 하는 일은 양치질, 그리고 혀
를 날카롭게 다듬기이다.   — 오스카 레반트Oscar Levant(코미디언)

"제 남자 친구는 절 놀려대지 않는 날이 없어요."

한 젊은 여성이 내게 말했다.

"남자 형제만 넷인 집안에서 자라면서 늘 그런 식이었대
요. 하지만 저희 집은 정반대였어요. 함부로 떠들거나 싸우면
안 되는 줄 알면서 컸지요. 놀리지 말라고 부탁하면 남자 친
구는 재미로 넘기라고, 왜 그렇게 민감하게 구냐고 하네요.
어떻게 해야 하죠?"

이런 차이는 사실 드물지 않다. 그 남자 친구는 시끌벅적
하게 웃고 떠들고 끼어들고 말싸움을 벌이며 자랐고 짓궂은
놀림이 제2의 천성이 되다시피 한 것이다. 나는 두 사람이 모
두 조금씩 양보해야 한다고 조언했다.

"당신은 마음을 좀 가볍게 먹고 가능한 한 놀리는 말을

의연하게 넘기도록 해요. 그리고 남자 친구도 놀림의 빈도를 좀 줄이라고 하고요. 남자 친구가 또 놀리면 침착한 목소리로 '그럴 수도 있어' 혹은 '그렇게 생각해?'라고 받아주세요. 그러면 대체로는 더 이상 진전되지 않으니까요. 재치 있게 받아칠 수 있다면 더욱 좋겠지요. 영 기분이 내키지 않을 때는 단호한 표정으로 '그만둬!'라고 말하세요. 나는 농담할 기분이 아니라는 걸 확실히 전달하는 거지요."

○ 나 같은 남자를 만든 당신 같은 여자가 나 같은 남자를 만든 당신 같은 여자를 만든다는 걸 알아야 해.

– 바비 클라크Bobby Clarke(아이스하키 선수)

《그래도 당신을 이해하고 싶다》라는 책을 쓴 데버라 태넌 Deborah Tannen은 남녀의 의사소통 방식이 얼마나 다른지 보여주는 흥미로운 사례를 제시한다.

어느 일요일, 놀이터에서 아이들이 노는 모습을 지켜보고 있었다. 여자아이 하나가 아이스크림을 먹고 있는데 남자애가 다가와 밀쳤다. 여자애는 즉각 울음을 터뜨렸고 그 어머니는 난폭하게 행동한 '나쁜 남자애'를 혼내주었다. 몇 분 후 그 남자애가 이번에는 자기 또래의 다른 남자애에게 다가가 밀쳤다. 당한 아이도 즉각 밀쳐 보복을 했다. 둘은 잠깐 몸싸움을 하는가 싶더니 몇 분 후 사이좋게 어울려 놀았다.

똑같은 행동이었지만 그 영향력과 결과는 완전히 달랐다. 데버라는 이에 대해 행동의 의도보다는 해석에 따른 차이라고 보았다. 여자아이는 괴롭힘을 당했다고 해석했지만 남자아이는 장난을 거는 것으로 해석했다. 결국 여자아이는 하루를 망쳤지만 남자아이는 친구를 만났다.

우리가 사람들과 대화를 할 때도 마찬가지다. 상대의 의도를 거꾸로 해석해 반응하지 않도록 조심해야 한다. 우리가 하는 말이 상대 입장에서는 우리의 의도와는 다르게 들릴 수도 있다. 이제부터는 놀리는 말을 들었을 때 그 행동보다는 의도를 살피도록 하라. 당신의 관심을 끌고 싶은데 제대로 된 방법을 몰라 어쩔 수 없이 놀리는 말을 던졌을 수도 있다. 그런 환경에서 자라나 습관이 된 것일 수도 있다. 당황스러운 농담을 던진 사람이 이전부터 악질 노릇을 해온 부류가 아니라면 이해해주려는 노력이 필요하다.

함부로 말하는 사람과 대화하는 법

○ 신문 기사를 보고 내가 흥분해서 펄펄 뛸 때면 잭은 여름날 꼬리를 흔들어 파리를 쫓는 말 이야기를 하며 참을성을 키우라고 말하곤 했다. – 재클린 케네디Jacqueline Kennedy(저술가 겸 출판업자)

상대하기 싫을 때 아이들이 잘 취하는 몸짓이 뭔지 아는가? 손바닥을 내보이는 것이다. "너 좋을 대로 떠들어. 난 관심 없으니까"라는 말을 덧붙이기도 한다. 때로는 이것이 악의적인 놀림을 차단하는 유일한 방법이 되기도 한다. 물론 공손하지는 않다. 하지만 먼저 무례하게 군 쪽은 상대방이다. 손바닥을 상대방 얼굴 앞으로 불쑥 내밀기까지 할 것은 없다. 그냥 어깨 높이 정도로만 들어 보여도 효과는 충분할 것이다. 상대가 순간적으로 주춤하면 하고 싶었던 말을 한두 마디 덧붙일 수도 있다.

○ 낚싯대란 한쪽에는 낚싯바늘이, 반대쪽에는 바보가 달린 도구이다. – 새뮤얼 존슨Samuel Johnson(시인 겸 평론가)

괴롭힘이나 놀림을 차단하는 또 다른 방법은 두 손을 교차해 X자를 그려 보이는 것이다. 그만두라는 말까지 덧붙일 때에는 잊지 말고 먼저 이름을 불러라. 이름을 부름으로써 다른 누구도 아닌 그 사람에게 하는 말임을 분명히 하는 것이다.

두 손으로 X자를 그려 보이면서 "○○○ 씨, 그만두세요! 장난 칠 기분이 아니에요"라고 말하는 자기 모습을 상상해보라.

악질적인 사람들의 괴롭힘이나 놀림은 당신의 배짱과 담력을 시험하려는 것이기도 하다. 그들이 하는 말에 상처받을 필요는 전혀 없다. 실제로는 당신이 멍청하다거나 못생겼다고 생각하지 않을 수도 있다. 다만 자극하고 휘두르고 싶을 뿐이다. 그러므로 당신이 만만한 사람이 아니라는 것을 분명히 보여줘야 한다. "뭐 그런 말도 안 되는 소릴"이라고 무심하게 한마디 한 후 바로 다른 화제로 넘어가는 것도 괜찮다.

어느 시골에서 만난 신사는 이런 이야기를 해주었다.

"누군가 절 괴롭히려 들 때면 미끼 끼운 낚싯바늘을 떠올립니다. 전 바보가 아니니까요. 미끼로 아무리 유혹한다 해도 제가 입을 활짝 벌려 낚싯바늘을 물 리는 없지요. 가진 미끼를 다 써보라지요, 소용없을 테니까."

●●● *Action plan* ●●

- 걸핏하면 당신을 놀리고 괴롭히는 상대가 있는가? 상대는 주로 어떤 점을 물고 늘어지는가?
- 상대의 말이 당신을 화나게 만드는가? 그렇다면 혹은 그렇지 않다면 그 이유는 무엇인가?
- 상대의 의도는 무엇인가? 괴롭힘을 통해 무엇을 얻어내려 하는가?
- 지금부터 당신은 상대의 괴롭힘에 어떻게 대처할 계획인가? 시선이나 손짓을 동원할 것인가?
- 섣불리 미끼를 물지 않도록 사전에 대응법을 몇 가지 마련해두는 것에 대해 어떻게 생각하는가? 다음번에 괴롭힘이나 놀림을 당할 때 어떤 말을 해주겠는가?

✖ 유해한 믿음/행동

짓궂은 놀림은 별것 아니라고 생각하기 '농담이라잖아. 그러니 심각하게 받아들일 필요는 없어.'

과잉 반응하며 미끼를 덥석 물기 "이봐, 난 코 성형 같은 건 하지 않았다니까?"

놀림을 그대로 받기 "고층빌딩 코인걸. 하늘로 올라가겠어." "……."

상대가 주변 사람들까지 끌어들이도록 내버려두기 "자, 다음은 뭘까? 옆구리 지방 제거 수술이야?" "……."

짜증 내기 "정말 짜증 나."

내용에 집중하기 "이건 내 진짜 코라고. 정말이라니까."

내 용기를 시험하기 "어째서 날 가만 내버려두지 않는 거야?"

놀림이 큰 상처를 입힐 수 있다는 점을 인정하기 '농담이었다 해도 가만히 있을 순 없어. 치사하게 굴었잖아.'

둔감해지기 "내가 성형을 했다면 지금 같은 코 모양을 선택했겠어?"

상대와 함께 웃기 "이런 코는 흔치 않아. 국보급이니 잘 봐둬."

주변 사람들을 내 편으로 만들기 "이 친구가 또 시작이군. 남을 다 깔아뭉개야 자기가 올라가는 줄 아는 모양이야."

지루한 듯 심드렁하게 대답하기 "이제 좀 어른스럽게 굴면 안 돼?"

의도에 집중하기 "혹시 네가 코 성형을 하고 싶은 건 아니야?"

놀림을 중단시키기 (손바닥을 들어 보이며) "좋을 대로 해. 난 신경 안 쓰니까."

37   언제까지 화나지 않았다고
우길 것인가

○ 친구에게 화가 나면 솔직히 털어놓는다. 그러면 분노가 끝난다. 적에게 화가 나면 말하지 않는다. 그러면 분노가 점점 커진다.
— 윌리엄 블레이크(시인 겸 화가)

"난 화나지 않았어요."

나는 고집을 부렸다.

"그저 그 사람하고는 아무 일도 하고 싶지 않을 뿐이에요."

상담 치료사는 고개를 끄덕이더니 무언가를 메모했다.

상담 치료사는 알고 있다. 화나지 않았다고 우기는 사람들은 모두 실제로는 화가 나 있다는 것을. 이런 사람들은 자신이 화가 나 있다는 사실조차 인식하지 못하면서 분노를 깊이깊이 쌓을 수 있다. 때로는 우울증을 호소하기도 한다. 억눌린 분노가 우울증으로 표출되는 것이다.

분노란 우리의 권리가 짓밟혔을 때 일어나는 자연스러운 반응이다. 이제 이 점을 인정해야 할 때다. 우리의 감정 체계는 그렇게 움직이게끔 만들어졌다. 상처 주는 말을 들으면 우리 마음은 심하게 동요하게 되어 있다. 이는 '그건 사실이 아니야!'라는 신호이다. 분노는 상대가 선을 넘었음을 우리에게 알려주는 경고 체계이다.

하지만 애석하게도 많은 사람들이 이성적인 모습을 추구하며 자신의 분노를 부정한다. 분노는 아름답지 않기 때문이다. 분노는 버럭 소리를 지르는 것과 같이 추한 모습을 동반하곤 한다. 그래서 우리는 분노를 발산하며 나중에 후회할지 모를 말을 내뱉는 것보다는 참는 편을 택한다. 내가 쓴 다른 책 《적을 만들지 않는 대화법》을 보면 분노와 관련된 여러 인용문이 소개되어 있는데, 그 대부분이 부정적인 어조이다.

- 분노를 치료하는 최고의 방법은 가능한 한 나중에 표현하는 것이다. – 세네카
- 분노의 한 순간을 인내하면 슬픔으로 보낼 수백 일을 면한다. – 중국 속담
- 분노하는 매 순간마다 행복한 60초를 희생하는 셈이다. – 데일 카네기
- 분노는 이유 없이 일어나지 않는다. 하지만 그 이유가 충분히 납득할 만한 경우 또한 거의 없다. – 벤저민 프랭클린Benjamin Franklin(정치인 겸 과학자)

통찰력 있는 어구들이다. 그러나 살다 보면 화를 내야만 할 때도 있다. 감정을 표출하지 않으면 나중에 더 큰 슬픔과 분노로 되돌아올 것 같은 그런 순간 말이다. 특히 악질적인 사람을 상대할 때는 분노를 적절하게 발산하는 것이 이성적으로 반응하는 것보다 더 효과적이다.

○ 분노를 폭발시키지 않으면 아무도 주목해주지 않는다.
  ─ 맬 행콕

분노를 발산하는 것이 쉽지는 않다. 우리가 앞의 경구들을 명심한 나머지 분노는 전부 다 나쁘다고 생각해버리는 것이 문제이다. 우리는 분노를 열심히 부정하고 파묻는다. 혹시라도 분노가 겉으로 드러나면 실패했다고 여긴다. 이 나쁜 감정을 느끼지 않기 위해 수년 동안 노력한 끝에 결국 느끼지 못하는 단계에 이르기도 한다. 그러나 죽음의 위협까지 가할 수 있는 이 격동의 감정에 둔감해지는 것은 내면이 마비된 것이나 다름없다.

이제 분노할 권리를 포기한 대가가 얼마나 큰지를 이해해야 한다. 억울함을 느낄 권리조차 함께 잃을 수 있으니 말이다. 그러다 보면 결국 누군가 우리를 해쳐도, 그 어떤 피해를 입혀도 이성적으로만 대응해야 한다. 다시 말해 부처나 성인

군자가 되어야 하는 것인데, 이는 우리에게 그리 현실적인 조언이 될 수 없다.

분노란 '제대로 성숙하지 못한' 사람이나 드러내는 원초적 감정이 아니다. 교양 있고 평화를 사랑하고 주변 모두를 사랑하는 인간이 되는 것은 물론 가치 있는 목표이다. 하지만 신체적, 정신적 위협을 가하는 상대를 사랑하지 않을 권리를 인정하는 것도 그 못지않게 중요하다. 솔직한 분노에 대한 자책은 이제 그만두자. 그리고 입을 다문 채 참지만 말고 책임 있게 분노를 표현하라.

오해는 하지 말자. 자그마한 일에도 참지 못하고 벌컥벌컥 화를 내라는 의미는 아니다. 다만 납득할 만한 폭발은 정당화되어야 한다고 보는 것이다. 셰익스피어는 "격렬한 분노는 두려움에 겁먹은 것이다"라고 했다. 우리 목표는 더 이상 격렬한 분노를 두려워하지 않게 되는 것이다.

38   적절한 방법으로 화내기

○   침묵하는 사람에게 반론할 증인은 없다.

　– 올더스 헉슬리Aldous Huxley(작가)

　물론이다. 그러나 침묵하는 사람에게는 편을 들어줄 증인 또한 없다. 못된 행동을 말없이 인내한다면 이는 그것을 용납한다는 뜻이기도 하다.

　"머리끝까지 화가 났지만 이걸 더 끌지는 않겠어"라는 말은 영화 〈네트워크〉에서 기자가 유리창에 자기 머리를 쾅쾅 치며 세상에 대한 격분을 발산하는 장면에서 나온 대사이다. 그런 식으로 울분을 분출하는 것은 감정을 진정시키는 데는 도움이 될지 모르지만 분노의 원인에는 아무런 영향을 미치지 못한다. 결과를 고려하지 않은 채 분노를 내뿜는 '반작용 분노reactive anger'인 것이다.

　이런 반작용 분노에 대비되는 것이 '책임지는 분노responsible anger'이다. 이는 상황을 개선하기 위해 먼저 마음속

의 분노를 생각하고 따져보는 과정을 포함한다. 싫은 행동을
한 누군가에게 마구잡이로 울화를 쏟아내는 대신, 생각을 정
리하고 자신이 원하는 바를 요구할 수 있어야 하기 때문이다.

○ 감정 폭발은 쉽다. 누구나 할 수 있다. 하지만 제대로 된 상
  대에게 적절한 정도로 적절한 때에 적절한 문제에 대해 적
  절한 방법으로 화내는 것은 쉽지 않다. 모두가 할 수 있는
  일이 아니다.　　　　　　－ 아리스토텔레스Aristotle(고대 그리스 철학자)

　　다음 네 단계는 제대로 된 상대에게 적절한 정도로, 적절
한 방법으로 화내기 위한 과정이다. 아리스토텔레스의 말처
럼 모두가 잘할 수 있는 일은 아니지만 꾸준히 훈련을 한다면
어려운 일도 아니다.

1. 상황 평가하기

　　'대체 내가 왜 화를 내는 거지?'라고 스스로에게 물어보
라. 구체적인 이유를 잡아내야 한다. 상대가 약속을 어겼나?
경멸하는 말을 했나? 충분히 주의를 집중해주지 않았나? 아
니면 스스로 저지른 실수 때문에 당황하고 화가 난 것인가?
분노 뒤에 숨은 원인을 규정해야 바로잡을 것이 무엇인지 명
확해진다.

2. 극단적인 표현 삼가기

극단적인 표현은 극단적인 반작용을 불러일으킨다. '항상', '아무것도', '절대로', '아무도', '모두가 다'와 같은 극단적인 일반화는 감정을 자극하기 마련이다. "당신은 절대로 내 말을 제대로 듣는 법이 없어"라고 말한다면 상대는 곧바로 발끈하여 반례를 들이댈 것이다. 그러므로 "늘 내 말을 중간에 끊어버리지!"보다는 "내가 말을 끝낼 때까지 기다려줘"가 훨씬 효과적이다. "항상 당신 때문에 적자야!"가 아니라 "이번 달에는 예산에 맞춰 지출하기로 했잖아"라고 말하는 것이다.

3. 구체적인 예를 들기

구체적이면 구체적일수록 생산적이다. 어떤 일이 있었고 또 어떤 일이 없었는지 정확히 설명한다면 상대방이 반복할 필요가 없어진다. "당신은 너무나 무책임해"와 같은 모호한 비난은 다양한 해석이 가능해 결국 분노를 불러일으킨 특정 행동을 드러내주지 못한다. 그보다는 "오늘 밤에 집에 돌아왔더니 음식 접시가 거실 바닥에 있고 개미가 잔뜩 기어 다니더군"이라고 구체적으로 말하라.

4. 미래에 원하는 행동을 표현하기

무엇이 잘못된 것인지 지적했다면 이제 한 단계 앞으로

나아가야 한다. 이미 일어난 일에 대해 아무리 불평해봐야 그 일이 없어지지는 않는다. 지나간 실수에 대해 상대를 벌주는 대신 미래에는 어떻게 더 나아져야 할지 명확히 해두는 것이 옳다. 이를테면 "당신을 신뢰하고 싶어. 이제부터는 먹고 난 접시를 물에 헹궈 식기 세척기에 넣어줘. 그러면 개미가 몰려드는 일은 없을 테니까"라고 말하는 것이다. 나의 아버지는 늘 "남의 기분을 상하게 만들어서는 개선의 동기를 부여할 수 없다"고 말씀하시곤 했다. 나쁜 결과보다는 원하는 목표에 초점을 맞춰야 한다.

○ 당신이 먼저 눕지 않는 한 사람들이 당신을 짓밟고 지나갈 수 없다.   − 앤 랜더스

분노anger를 뜻하는 단어에 한 글자만 더하면 위험danger이라는 단어가 된다. 놀랍지 않은가. 그러니 분노를 솔직히 인정하고 직시하지 않는 것은 얼마나 위험하겠는가.

트리시아라는 어느 학부모의 이야기를 들어보자.

"저는 늘 화내지 않으려고 애쓰는 유형이었어요. 감정을 밖으로 드러내지 않고 안으로 꼭꼭 숨겼답니다. 어린 시절 우리 부모님은 늘 사이가 안 좋아 싸움이 잦았어요. 어린 저는 침대에 누워 베개로 귀를 막고 벌벌 떨기 일쑤였지요. 그리고

절대로 부모님처럼은 되지 않겠다고 결심했어요. 그래서 늘 모두에게 잘하려고 했고, 간혹 이용을 당하게 되더라도 참았어요. 하지만 작년에 학부모회 임원 한 사람이 제 인내의 수위를 넘어버렸지요.

저는 초등학교 학부모회 회장을 맡고 있었어요. 그런데 그 임원은 늘 무책임하게 행동했답니다. 대체 왜 임원을 하겠다고 나섰는지 알 수 없는 일이에요. 모임이 열리면 절반은 빼먹었거든요. 더 큰 문제는 그 임원이 섭외한 초청 연사들도 예고 없이 안 나올 때가 많았다는 거지요. 그날도 그 임원은 12월 모임이 열리기 불과 두 시간 전에 전화를 했어요. 자기가 섭외한 자녀 교육 전문가가 오지 못하게 되었다는 내용이었지요. 전에는 그런 일이 일어날 때마다 제가 나서서 사과하곤 했지만 더 이상 그러면 안 되겠다는 생각이 들었어요.

그래서 말했지요. '이렇게 마지막 순간에 전화를 걸다니 무척 화가 나네요. 알아서 어서 대책을 마련하세요.' 임원은 볼멘소리로 '두 시간 후면 모임이 시작되는데 어떻게 다른 사람을 찾으라는 거지요?'라고 대답하더군요. 그래서 저는 '연말 모임이라 300명 가까운 사람들이 모일 테니 괜찮은 분으로 모셔 와야 해요. 섭외하지 못한다면 직접 모두 앞에 나서서 해명하세요'라고 쐐기를 박았지요. 전화를 끊고 나니 후련한 기분이었어요. 그다음부터는 그 임원이 일을 맡겠다고 나서는 일이 없어졌어요."

멋진 대응이다. 당신도 이제 마음속으로 분노의 감정이 들끓을 때 그것을 무시하지 말라. 건설적으로 분노를 표현하기 위한 네 단계를 통해 그 감정을 알려야겠다고 마음먹길 바란다.

•• *Action plan* ••

- 누군가에게 마지막으로 화를 낸 것이 언제인가? 고함을 질렀는가? 아니면 말없이 눌러 참았는가? 냉정하게 당신의 권리를 주장했는가?
- 당신은 분노에 대해 어떻게 생각하도록 배웠는가? 분노는 인간관계의 정상적인 요소인가 아니면 경계해야 할 위험 요소인가? 구체적으로 말해보라.
- 지금 현재 머리끝까지 화가 나는 상황이 벌어지고 있는데 차마 말하지 못하고 있는가? 어떤 상황인가? 상황을 바로잡기 위해 어떤 단계를 밟을 계획인가?

✖ 유해한 믿음/행동

분노는 피해야 한다고 생각하기 '흥분해봤자 얻을 게 없어.'

반작용 분노 표출하기 '똑같이 되갚아주겠어!'

생각 없이 행동하기 '머리끝까지 화가 났으니 침을 뱉어줘도 돼.'

극단적인 말 사용하기 "대체 어떻게 그런 짓을 할 수 있어? 생각이란 게 없는 모양이지?"

지나치게 일반화하기 "이제는 절대로 너를 신뢰할 수 없을 거야."

바라지 않는 바를 언급하기 "한 번만 더 이런 짓을 하면 가만두지 않겠어."

위협으로 마무리 짓기 "이웃 사람들한테 늘 지켜봐달라고 부탁했어. 그러니 몰래 차 몰고 나갈 생각은 하지도 마."

✦ 유익한 믿음/행동

분노를 인정하기 '난 분노할 권리가 있어."

책임 있게 분노하기 '그건 잘못되었다는 걸 알려줘야 해.'

행동하기 전에 평가하기 '두 번 다시 이런 일이 일어나지 않도록 하려면 어떻게 말해야 할까?'

정확한 표현 사용하기 "허락도 안 받고 차를 끌고 나간 건 잘못한 짓이야."

구체적인 사례 제시하기 "옆집 아줌마가 차를 운전하고 가는 네 모습을 봤다는구나."

바라는 바를 언급하기 "이제부터는 차를 쓰고 싶으면 전날 밤에 허락을 받도록 해."

내용을 정리하고 확인시키기 "자, 우리가 정한 규칙을 알고 있지? 이 규칙을 지키지 않으면 어떻게 되는지도 알고 있겠지?"

39   행동하기 전에 결과를 예측하라

○ 침착함을 유지하는 게 해가 될 때까지 침착함을 잃지 않는
것이 내 원칙이다.   – 숀 오케이시Sean O'Casey(극작가)

지금까지 용기, 참지 않음으로써 긍정적인 결과를 이끌어
내는 방법, 공격을 농담으로 받아치는 방법 등에 대해 다루었
다. 이번에는 이에 못지않게 중요한 이야기를 하려 한다. 마
음에 들지 않는 상대에게 정면으로 맞서는 것만이 현명한 해
법은 아니라는 것이다.

언젠가 교사와 교직원들을 대상으로 〈텅후〉 워크숍을 진
행할 때였다. 각 조별로 못된 사람을 상대하는 방법에 대해
토론하던 중 한 교장 선생님이 사례를 제시했다.

"해고해야 마땅한 교사가 있었습니다. 학생과 학부모들의
해고 요청이 빗발쳤지요. 저는 교실을 촬영해 자료를 확보하
는 등 갖은 노력을 다했지만 소용없었습니다. 정년까지 2년
이 남은 그 여교사는 무슨 일이 있더라도 정년을 채우고 연금

을 받아야겠다는 의지가 확고했거든요. 자기를 해고하려 들면 노동조합에 탄원하겠다고 협박까지 했답니다. 이럴 땐 어떻게 하면 좋을까요?"

곧바로 열띤 토의가 이어졌다. 여러 대처 방안이 나왔지만 그 교장 선생님은 자기도 써본 방법이고 효과가 없었다고 말할 뿐이었다.

이때 다른 선생님이 말했다.

"저도 비슷한 상황을 겪었기 때문에 이게 얼마나 어려운 문제인지 잘 압니다. 그때 저는 교사 한 명을 해고하기 위해 길고 긴 법정 공방으로 가는 것이 반드시 학교의 이익에 최선이 아니라는 결론을 내렸습니다. 리더는 조직의 한정된 자원을 어떻게 쓰는 것이 가장 좋을지 끊임없이 고민해야 합니다. 해고를 위한 법적 공방에 시간과 비용을 쓰기보다는 학생들을 위해 애쓰는 헌신적인 교사들을 뒷받침하는 편이 훨씬 낫지요. 제 고민을 들어주신 은사님은 '바로 그런 어려운 결정을 내리는 대가로 월급을 받는 것'이라고 말씀하셨어요."

마지막 말에 우리 모두는 큰 소리로 웃었다.

어쩌면 당신은 그 무슨 어이없는 결정이냐고 생각할지도 모르겠다. '그럼 그 선생님 반에 들어간 학생은 무슨 죄야? 능력 없고 성의 없는 선생님을 그냥 봐줘야 하는 거야?'

워크숍에 참석했던 교사들도 무조건 그 결정에 찬성한 것은 아니었다. 이상적으로 보면 교장은 무슨 수를 쓰더라도 부적격 교사를 해고해 학생들이 다른 훌륭한 선생님 밑에서 교육받도록 해야 한다. 하지만 현실에서는 늘 그렇게 되지는 않는다. 고심 끝에 교장 선생님이 내린 차선의 결론은 비록 완벽한 해결책은 아니지만 충분히 설득력 있는 대안이었다.

○ 먼저 행동하고 뒤늦게 생각한 뒤 영원히 후회하는 사람들이 있다.
　　　　　　　　　　　　　　　　　　－ 찰스 시먼스Charles Simmons(작가)

악질적인 사람을 상대할 때 가장 힘든 점 중 하나가 바로 이것이다. 때로는 그들이 승리한다. 명백히 그들이 잘못했음에도 불구하고 다만 우리가 대처할 준비가 되어 있지 않았다는 이유로 결국 그 사람들이 승리하는 일도 생긴다.

참으로 부당하고 화나는 일이지만 종종 이러한 일이 일어나는 것도 사실이다. 이 점을 기억한다면 무조건 맞서려 하기 전에 그 행동이 어떤 결과를 낳을지 먼저 예상해볼 필요가 있다. 일단 상황이 일어난 뒤에 복구하기 위해 돈과 시간을 쓰는 것보다는 사전에 예측하고 적절한 순간에 물러서는 편이 훨씬 쉽고 현명하기 때문이다.

행동이 가져올 결과에 대해 제대로 생각해보지 않았던 어느 은행 임원의 사례를 보자. 일주일 동안 금융 회의에 참석하고 돌아온 그 임원은 난데없이 공개 석상에서 은행장의 질책을 들었다. 사전에 보고된 업무 출장이었음에도 은행장은 기강이 해이해져 엉뚱한 데서 놀다 왔다는 식으로 몰아붙였다. 그냥 넘어가서는 안 되겠다고 판단한 그 임원은 바로 은행장에게 따지러 갔고 그 자리에서 해고당했다.

오십 대인 그는 이후 몇 달이나 재취업을 하지 못했고, 대학에 다니는 두 자녀의 뒷바라지조차 어려워졌다. 모아둔 돈이 바닥을 드러내면서 살던 집도 매물로 내놓았다. 마지막으로 들려온 소식은 고향으로 돌아가 형의 가게에서 일하게 되었다는 것이다.

◎ 지혜는 결과에 대한 예측이다. – 노먼 커즌스Norman Cousins(언론인)

등골이 서늘해지는 이야기 아닌가. 순간적으로 내뱉은 격한 말 한마디가 30년 경력을 물거품으로 만들었다. 하지만 그는 지금 돌이켜봐도 다른 식으로 행동할 수는 없었을 거라고 말했다. 물론 해고당해 갑자기 경제적 어려움을 겪게 된 것은 반갑지 않은 일이지만 후회는 하지 않는다는 것이다.

그는 은행장이 공개적으로 하는 터무니없는 비난을 참으며 모래땅에 머리를 처박은 타조처럼 살 수는 없었다고 회고했다. 아마 좀 더 정중한 태도로 나갔다 해도 결과는 비슷했으리라고 추측하기도 했다. 은행장은 그 어떤 이의 제기도 용납하지 않는 독재적인 성향이었다는 것이다.

　이 이야기의 교훈은 무엇일까? 상대의 특성을 잘 파악하고, 행동하기 전에 먼저 결과를 예측해야 한다는 것이다.

40 어느 쪽이 나의 이익에 최선인가

○ 내 사업이 끝나는 곳에서 남의 사업이 시작된다는 사실, 이
는 인생을 살며 배우는 가장 뼈아픈 교훈인 것 같다.
– 킨 허버드Kin Hubbard(언론인)

가정이나 직장에서 당신이 겪는 부당하고 잘못된 상황을
떠올려보라. 제대로 된 대접을 받지 못하고 있다면 선택은 두
가지이다. 현재 상황을 무시하거나, 고개를 꼿꼿이 든 채 책
임자에게 따지러 가거나. 다음 질문들은 과연 어느 쪽이 당신
의 이익에 최선인가를 판단하기 위한 것이다.

Note ～～～～～～～～～～～～～～～～～～～～～～～～～

못 본 척할 것인가, 덤벼들 것인가?

1. 내가 공격적이거나 부당하다고 느끼는 상대의 행동은 무엇인가?
2. 상대는 자기 행동이 부당하고 부적절하다는 점을 알고 있는가? 그 행동은
   의도적인가 아니면 무심코 나온 것인가?

3. 상대의 부당한 행동은 일회적인가, 계속 반복되는가?

4. 상대의 행동이 부적절하다는 점을 이미 언급한 적이 있는가? 상대는 고치려는 노력을 했는가 아니면 내 말을 무시했는가?

5. 상대의 행동은 내게 어떤 영향을 미치는가? 내 반응은 지나친가 아니면 정당한가?

6. 상대가 그렇게 행동할 수밖에 없었던 다른 요인을 고려하지 못한 것은 아닌가? 그 요인으로 인해 상대의 행동을 이해하고 넘어가는 것이 가능한가?

7. 내가 아무 대처도 하지 않으면 어떻게 되는가? 무대응은 선택 가능한 방안인가? 제대로 목소리를 내지 못했던 자신을 받아들일 수 있는가?

8. 상대에게 맞섬으로써 무엇을 얻고자 하는가? 구체적으로 설명해보라. 목표를 달성하기 위해 메시지를 가장 잘 전달할 방법은 무엇인가?

9. 상대에게 맞서는 것의 위험부담이나 부정적인 결과는 무엇인가?

10. 그 결과를 기꺼이 받아들일 준비가 되어 있는가? 그렇다면 혹은 그렇지 않다면 그 이유는 무엇인가?

11. 상대가 스스로 자기 행동을 고치려고 노력할 가능성이 있는가?

12. 돈키호테식의 무분별한 공격은 아닌가? 아무리 노력해도 상황을 긍정적으로 바꾸지 못할 가능성은 얼마나 되는가?

13. 이 전쟁에서 이기기 위해 어떤 자원이 필요한가? 돈, 시간, 감정적 상처, 법적 비용, 에너지, 정신적 부담 등의 측면에서 원하는 결과를 얻기 위한 비용을 따져본다면? 가능한 한 구체적인 수치로 제시해보라.

14. 상대를 교육하는 것이 내 역할인가? 상대에게 책임을 물어야 하는 존재가 나인 것이 맞는가?

15. 상대와 맞서는 것이 사랑하는 가족을 위험에 빠뜨릴 수 있는가? 어떤 가능성이 있는가? 내 결정으로 인해 영향을 받게 될 사람들과 미리 의논했는가? 내 시도가 실패로 돌아갈 경우 나와 내 가족들은 후회할까?

16. 또 다른 가능성은 없는가? 내 직업, 결혼, 가족, 건강 등을 위험에 빠뜨리지

않고 해결할 방법은 없을까?

17. 행동을 늦춘다면 손해 혹은 이득이 있는가? 당장 실행해야 하는가? 아니면 조금 시간을 두는 편이 더 현명할까?

18. 공정한 시각을 제시할 제삼자가 존재하는가? 감정적인 동요 없이 중재자 역할을 맡아줄 사람이 있는가? 그 사람은 누구이며 어떻게 도움을 요청할 수 있을까?

◯ 더 이상 나빠질 수 없을 정도로 최악인 상황은 없다. 하지만 더 이상 좋아질 수 없을 정도로 나쁜 사람은 가끔 있다.

　　– 미니언 매클로플린Mignon McLaughlin(작가)

앞에 제시한 질문들에 답하다 보면 물고 뜯는 싸움이 당신의 시간, 에너지, 재능, 돈을 사용하는 최선의 방법인지 아닌지가 판명 날 것이다.

샌드라라는 여성의 경험담을 보자.

"어머니 주치의를 오진과 의료사고로 고발할 것인지 말지를 결정할 때 우리 가족도 비슷한 과정을 거쳤답니다. 어머니는 다발성 경화증 진단을 받으셨지만 실제로는 서서히 진행되는 뇌종양이었지요. 제대로 된 진단이 나왔을 때 의사는 응급 수술을 권했어요. 하지만 수술로 종양을 완전히 제거하지는 못했답니다. 그러자 의사는 방사선 치료를 해야 한다고 하더군요.

어머니는 힘겨운 방사선 치료를 원치 않았어요. 우리는 그래도 의사가 전문가이고 가장 잘 알 거라고 믿었고요. 그런데 방사선 치료를 잘못된 부위에 하는 바람에 어머니는 몇 주 동안이나 구토증에 시달렸어요. 의사는 2차 수술을 권했지요. 이번에도 어머니는 수술을 받기 싫다고 호소했지만 결국 억지로 수술대에 누우셨어요. 결과적으로는 하지 않는 편이 백번 나았을 수술이었지요.

이후 몇 달 동안 의료사고라 할 만한 일이 계속 일어났어요. 병원 직원들의 마약 복용이 발각되는가 하면, 고통스러운 혈관 촬영을 마친 어머니가 몇 시간 동안 복도에 방치되기도 했고, 인턴이 관을 잘못 꽂는 바람에 돌아가실 뻔하기도 했지요. 결국 어머니는 수많은 관에 온몸이 연결된 채 말 한마디 제대로 못 하고 돌아가셨어요. 그렇게 죽고 싶지는 않다고 평소에 입버릇처럼 말씀하셨는데 말이에요.

장례식이 끝나고 우리 가족은 의사를 고소할 것인지를 의논했어요. 무성의한 치료 과정에 이리저리 끌려다니신 어머니의 상황을 생각하면 의사는 철저히 악질적인 역할을 했거든요. 하지만 결국 우리는 보상금을 받아도 어머니가 살아 돌아오실 수는 없다는 걸 인정했어요. 어머니의 고통에서 금전적 이익을 얻고 싶지 않았고 그 고통을 되새기며 다시 몇 달을 보내고 싶지도 않았어요. 어머니가 견뎌야 했던 그 모든 상황에 대해 사과와 위로를 드리고, 앞으로는 우리 중 누구도 자기 의사에 반하는 치료를 억지로 받게 하지 않겠다고 다짐하는 것이 최선이었지요."

앞에 열거한 '못 본 척할 것인가, 덤벼들 것인가?' 목록의 질문에 답해본 결과 맞서 싸우는 것으로 결론이 날 경우에는 어떻게 해야 할까? 단호하게 대응하되 적을 만들지는 않는 대화의 기술에 대해서는 4부에서 중점적으로 알아보기로 하자.

•• *Action plan* ••

- '못 본 척할 것인가, 덤벼들 것인가?' 목록을 통해 맞서 싸우는 것이 가장 유익한 방법인지 점검해보라. 덤벼들어야 하는 이유는 무엇이고 못 본 척해야 하는 이유는 무엇인가?
- 결국 당신은 어떤 결정을 내렸는가? 그렇게 결정한 이유는 무엇인가?
- 마음에 들지 않지만 위험부담이 너무 커서, 혹은 그만큼의 가치가 없어 덤벼들지 않고 그냥 내버려둔 상황이 있었는가? 어떤 상황이었는가? 당시의 결정에 대해 설명해보라.

✖ 유해한 믿음/행동

생각하기 전에 먼저 움직이기 '동료를 횡령죄로 당장 고발해버리겠어.'

가진 자원을 낭비하기 '어떤 대가를 치르든 상관없어. 그냥 곱게 놔두지 않을 거야.'

행동을 일회성으로 파악하기 '나중에 돈을 채워 넣으려 했다는 건 변명이 안 돼. 어쨌든 잘못된 행동이야.'

돈키호테처럼 굴기 '증거가 전혀 없기 때문에 변호사는 몇 년이 걸릴 수도 있다고 했어.'

대립으로 위험부담 안기 '말썽을 일으키면 나와 가족에게 복수하겠다고 위협했는데.'

가치 여부를 판단하지 않고 행동하기 '동료를 혼내줄 수 있다면 무엇이든 하겠어.'

✚ 유익한 믿음/행동

움직이기 전에 생각하기 '먼저 충분히 생각을 해보자.'

자원을 현명하게 배분하기 '시간, 돈, 감정적 부담의 측면에서 비용이 얼

마나 들지 계산해야지.'

행동을 과정으로 보기 '동료의 전 직장 사람들은 전에도 같은 일이 일어났다고 했지.'

상황을 개선시킬 방법 찾기 '변호사가 컴퓨터를 뒤져서 금융 거래 기록을 찾으라고 했지.'

맞설 만한 가치 판단하기 '그런 위협은 허풍일 뿐이야. 늘 목소리만 큰 사람이니까.'

가치가 있다고 판단될 때에만 행동하기 '진정 이것이 내가 앞으로의 2년의 세월을 보내고 싶은 방법일까?'

용기에 따라 인생은 확대되기도 축소되기도 한다.

아나이스 닌 Anaïs Nin (소설가)

4부

적을 만들고 싶지는 않다

41

안절부절못하는 마음 가라앉히기

○ 두려움의 외적 원인을 제거했다고 해서 마음이 평화로워지
지는 않는다. 내면의 안식처를 찾아야만 한다.
– 루퍼스 존스Rufus Jones(작가)

ADHD, 즉 주의력결핍 과잉행동장애 진단을 받은 친구
가 있었다. 주의 집중 시간이 극히 짧은 문제를 해결하기 위
해 약물, 물리치료 등 안 해본 것이 없었다. 그러다가 마침내
안절부절못하는 마음을 가라앉히는 방법을 찾았다. 그것은
바로 묵주였다.

친구는 어딜 가든 주머니에 묵주를 넣고 다녔다. 대화하
면서 주의 집중이 되지 않을 때 그는 묵주를 어루만지며 평화
를 찾았다.

"영화를 끝까지 본다거나 회의에 장시간 참석하는 것이
여태까지는 불가능한 일이었지. 종교인들은 어떻게 생각할지
모르겠지만 어쨌든 난 묵주를 만지작거리고 있으면 불안증이

가시고 조금 더 오래 집중할 수 있게 돼.”

이 얘기가 못된 사람과 맞서는 일과 무슨 상관이냐는 생각이 드는가? 상관이 있다. 아픈 내 친구에게 효과가 있었다면 우리에게도 효과를 발휘할 수 있을 테니까. 내면의 안식을 가져다주고 마음을 진정시키며 힘을 부여해줄 ‘그것’ 말이다.

O   자신을 잘 들여다보라. 잘 들여다보면 그 안에는 언제나 나를 일으켜 세울 힘이 있다.
　　　　　– 마르쿠스 아우렐리우스Marcus Aurelius(고대 로마의 황제)

언젠가 나는 선물 가게를 둘러보던 중에 노란 호안석虎眼石을 심장 모양으로 깎은 장식품을 보았다. 이거다 싶었다. 마음을 굳게 다잡아주는 마스코트로 삼기 충분했다.

내 선물을 받을 사람은 세상에서 자기 길을 찾고자 애쓰고 있는 젊은이였다. 그는 워낙 착하고 다정한 성품이라 또래의 거친 십 대 친구들과 잘 맞지 않았다. 친구들 무리에 끼고 싶었지만 그러면서도 본래의 자기 모습을 버리고 싶어하지 않았다. 그랬기에 그런 어중간한 태도로는 자기가 원하는 대로 살기가 불가능할 것 같다는 생각을 하고 있었다.

마침 그 심장 모양의 호안석은 강인한 호랑이의 눈과 부드러운 사랑이 공존할 수 있다는 점을 잘 보여주었다. 마치

강한 힘과 부드러운 마음이 한 사람 안에 공존할 수 있음을 이야기하듯이.

이번 주말에는 당신도 박물관의 기념품 가게나 선물 가게에 들러보면 어떨까? 손에 들고 다니기 적당한 무언가를 골라보자. 그리고 가방이나 주머니에 넣어두었다가 스트레스를 받는 순간에 꺼내 쥐어보는 것이다. 대적하기 어려운 상대를 만났다면 그것을 손에 쥐고 자신감을 확인하라. 동요하지 않고 침착하게 대처할 수 있는 자기의 모습을 거기에 투영하는 것이다.

O **현실은 수많은 상상을 남긴다.** – 존 레논John Lennon(가수)

악질적인 사람을 상대하는 상황에서 빚어지는 부작용 가운데 하나는 그 생각이 계속 머릿속을 떠나지 않는다는 것이다. 마치 치통처럼 끈질기게 최근 겪은 모욕이나 공격이 계속해서 머릿속을 맴돈다. 상대의 말과 행동을 곱씹으면 곱씹을수록 생각은 거기 갇혀버리고 만다. 깨어 있는 매 순간, 그 파괴적인 영향력에서 벗어나지 못하는 것이다. 그러나 이는 결국 악질적인 사람이 원하는 바이다. 우리 생각을 지배해버리는 것 말이다.

이 책을 읽는 우리의 목표는 현실에 굳건히 발을 디뎌 못된 사람들이 더 이상 우리 삶을 좌지우지하지 못하도록 만드는 데 있다. 만약 세상은 여전히 멋진 곳이라는 사실을 일깨워주는 무언가를 가지고 있다면 이 목표를 견지해나가는 데 큰 도움이 될 것이다.

마우이에 사는 내 친구는 집수리를 하면서 고약한 건축업자를 만나 엄청나게 고생을 했다. 공사 일정이 한없이 늦어지더니 결국 이 건축업자는 미리 받은 보수만 챙겨 잠적해버린 것이다. 친구는 추가로 비용을 들여 새 건축업자를 고용해야 했고, 설상가상으로 장식 벽이 무너지면서 방 몇 개가 엉망이 되어버렸다. 그럭저럭 수리가 끝났지만 친구는 집을 볼 때마다 나쁜 기억이 떠오른다고 했다.

해변을 산책하면서 그 이야기를 들은 나는 잠시 해변의 모래를 바라보자고 했다. 그리고 내가 강연 출장이 길어져서 집이 그리울 때마다 해변으로 산책을 나가 조개껍데기를 하나씩 주운 이야기를 해주었다. 엄지손톱만 한 크기의 조개껍데기였다.

"그 조개껍데기는 내게 고향을 가져다주었어. 주머니에 넣고 다니면서 집이 그리울 때마다 꺼내 보았거든. 그러면 아무 근심 없이 아들들과 산책하는 내 모습이 떠오르더라고. 너도 한번 해봐. 집수리하면서 당한 억울한 일이 떠올라 속상할 때면 조개껍데기를 꺼내 바라보면서 그동안의 인생에서 좋았던 일들을 생각해보는 거야."

42

결정적 순간 우리에게 필요한 것

○ 나는 오리처럼 내 등을 타고 내려오는 이 무언가에 신경 쓰지 않는다.

— 새뮤얼 골드윈

부적 혹은 마스코트란 '사악함을 물리치고 행운을 가져다주는 물건'이다. 당신이 두려움보다는 행운(건강, 사랑, 자유 등)에 주목하도록 도와주는 물건으로 어떤 것이 좋을까? 나쁜 기억이나 장면이 당신 등을 타고 내려오지 않도록 하기 위한 마스코트는 어떤 것이 있을까?

험난한 이혼 소송을 거쳤던 한 여성은 사무실 책상이며 자동차 안에 두 자녀의 사진을 붙여두고 마음을 다잡았다고 한다. 힘 있고 무자비한 남편과 상대해 이길 수 있을지 의심이 들 때마다 귀여운 자녀들의 사진을 보면서 힘을 얻었다는 것이다.

'힘을 내라. 스스로 구원하지 않는다면 누구도 도울 수 없다'라고 쓰인 종이쪽지를 가지고 다녔다는 사람도 있다. 마음이 흔들릴 때면 그 종이를 꺼내 들고 가만히 그 문구를 들여다보았다고 했다.

"과연 해낼 수 있을까 자신 없어지는 순간이 오면 그 종이를 만져보며 마음을 가라앉혔어요. 저한테는 그게 구원이나 다름없었지요."

○ 자기 인생을 기꺼이 책임지는 데서 자존감이 생겨난다.
　　－ 존 디디온Joan Didion(작가)

그렇다. 영감을 주는 문구들도 용감하게 앞으로 나아가는 데 큰 도움이 된다. 위기가 닥치면 잠시라도 짬을 내어 온갖 고난과 비극을 딛고 승리한 인물들이 남긴 말을 읽어보라. 더 큰 위기를 극복해낸 사람들의 사례를 접하다 보면 절망에 빠지는 일은 피할 수 있을 것이다. 아래 소개한 문구 중 마음에 드는 것이 있다면 종이에 적어 눈에 잘 띄는 장소에 붙여두어라. 지갑 안에 넣어두어도 좋다. 그리고 다음번에 또다시 못된 사람을 만나거든 그 문구를 읽으며 힘을 얻어라.

• 인생 대부분의 시간을 우리는 희망 안에서 살아갈 수 있다. 희망을 멀리서 바라보지 말고 그 안으로 곧장 들어가라.
　　－ 바버라 킹솔버Barbara Kingsolver(작가)

- 우리 귓전에는 늘 두 가지 목소리가 들린다. 두려움의 목소리와 자신감의 목소리이다. 하나는 감각들이 만드는 외침이지만 다른 하나는 고매한 자아가 들려주는 속삭임이다.

  – C. B. 뉴컴C. B. Newcomb(심리학자)

- 용기란 두려움 없이 덤비는 것이 아니라 대의를 향해 마음을 굳건히 하는 것이다. – 플루타르코스Plutarch(고대 그리스 철학자)

- 매일을, 하루하루를 자기 것으로 만들어야 한다. 그렇지 않으면 몇 년의 세월도 남의 것이 되고 만다.

  – 허브 가드너Herb Gardner(유머 작가)

- 위험을 감수하지 않고 움츠러들어 도망친다면, 그 순간 인간은 죽은 것이다. – 에밀 시오랑Emil Cioran(작가)

- 심호흡을 하고 한 걸음 물러서서 과연 누가 내 인생을 책임지고 있는지 생각해봐야 한다. – 주디스 놀턴Judith Knowlton(심리학자)

그는 그저 한 명의 인간일 뿐이다.
– 뮤지컬 〈지저스 크라이스트 수퍼스타〉의 대사

악질적인 사람을 상대하다 보면 상대 역시 그저 한 인간에 불과하다는 사실을 잊기 쉽다. 힘겨운 상황을 감당하다 보면 기운이 소진되기 때문이다. 하지만 그래서는 안 된다. 이는 결국 못된 사람이 당신의 인생을 파괴하도록 만들어버리기 때문이다.

상대에게 그런 엄청난 힘을 부여하지 말라. 미운 사람 대신 사랑하는 사람들 쪽으로 생각을 돌려라. 마스코트나 부적이 되는 물건이나 문구를 통해 자신을 일깨워라. 아무리 큰 슬픔이 닥쳐와도 어디선가는 태양이 뜨고 아이들이 뛰놀며 꽃이 만개해 있는 법이다. 이렇게 순간적으로 생각을 바꾸면 상대가 작아 보인다. 그리고 우리는 다시 인생을 통제할 힘을 얻게 된다.

·· *Action plan* ··

- 당신에게도 마스코트 역할을 하는 물건이 있는가? 있다면 무엇이고, 어떻게 사용하고 있는가?
- 아직 마스코트가 없다면 당신에게 힘과 사랑을 동시에 느끼게 해줄 물건을 언제 어디서 찾을 계획인가?
- 까다로운 사람이 당신을 괴롭힌 일이 여전히 머릿속에 맴도는가? 어떤 상황이었는지 설명해보라.
- 어떻게 그 생각을 이기고 현실감각을 되찾을 계획인가? 당신 인생의 어두운 면보다는 밝은 면에 초점을 맞추도록 해줄 물건이나 문구가 있는가? 있다면 무엇인가?

✖ 유해한 믿음/행동

걱정을 거듭하기 '연말 회사 송년회 때면 늘 주눅 들고 불편한 기분이 들어.'

의사를 분명하게 전달하지 못하기 '또다시 밥이 다가와 날 벽으로 밀어붙이면 어쩌지?'

어디서 힘을 얻을지 알지 못하기 '밥은 남편의 상사잖아. 잘못했다가는 남편이 다칠지 몰라.'

순식간에 용기를 잃어버리기 '이런, 상대가 술까지 마셨군. 통제 불능의 상황이야!'

잘못된 일에 집착하기 '정말 혐오스러워. 대체 왜 나한테 그런 짓을 했을까?'

✦ 유익한 믿음/행동

걱정하지 않을 방법 찾기 '묵주를 손에 쥐고 있으면 마음이 편안해질 거야.'

필요하다면 분명하게 말하기 "밥, 저쪽에서 당신 부인이 부르는데요."

스스로에게서 힘을 얻기 '소란을 일으키지 않고도 내가 해결할 수 있어.'

마스코트로 용기 유지하기 "내 몸에 손대지 마세요. 아니면 사장님에게 불려가게 될 테니."

좋은 면에 초점 맞추기 '희생양은 되지 않겠어. 난 이 문제를 해결할 수 있어.'

43

이 집요한 공격을 어떻게 방어할까?

○ 어머니는 매년 소득세 환급 신청을 할 때 직업난에 '딸의 자
존심에 상처 내는 사람'이라고 쓰곤 하셨다.
  – 로빈 로버츠Robin Roberts(야구 선수)

못된 사람들은 자기 잘못을 남에게 전가시키는 데 전문가
이다. 걸핏하면 "당신 때문이야"라고 말한다.

그래서 그들의 집요한 공격을 받다 보면 어느새 당신은
자기주장을 하기보다 방어에 급급하게 된다. 그들은 당신의
잘못에 초점을 맞추면서 유유히 빠져나간다. 자기가 실수했
다고 인정하기보다는 당신의 자존감을 짓밟는 것이 백배 낫
기 때문이다. 그들의 말과 행동에 맞설 계획이라면 사전에 이
점을 명심해야 한다.

○ 실수는 인간적이다. 하지만 그 실수를 남의 탓으로 돌리는
것은 정치적이다. — 허버트 험프리Hubert Humphrey(전前 미국 부통령)

그렇다. 실수는 인간적이다. 그리고 그 실수를 당신 탓으로 돌리는 상황도 실은 충분히 예측 가능하다. 그때 자신을 지키는 방법은 다음과 같다.

1. 가능한 한 말을 적게 하기

말이 많을수록 취약한 입장에 놓인다. 간단명료하게 말해야 자신감이 드러난다.

2. 상대가 늘어놓는 이유에 귀 기울이지 않기

못된 사람들은 늘 자기 행동을 정당화하는 데 바쁘다. 시간에 늦은 것은 교통 체증 때문이지 자기가 게으름을 피운 탓이 아니다. 화가 나 난동을 부린 것은 고약한 점원 때문이지 자기가 무례한 탓이 아니다. 승진에 실패한 것은 무능력한 상사가 사람 보는 눈이 없기 때문이지 자기에게 문제가 있는 것이 아니다. 못된 사람들은 이렇게 모든 것에 이유를 댄다. 그리고 그 이유는 자기 자신과는 상관이 없다.

3. 상대가 중시하는 것에 주목하기

못된 사람에게 잘못을 지적해주는 것은 시간 낭비일 뿐이다. 그들은 그 행동을 계속하면 자신이 고통을 받게 된다는 점이 분명할 때, 그럴 때에만 비로소 변화한다. 부정적인 결과에 반응하는 것이다. 그러므로 위험부담과 보상의 확률을 바꿈으로써 부적절한 행동의 대가를 치르게 해야 한다.

비영리 기관에서 일하는 내 친구는 새로 부임한 기관장이 신문 인터뷰를 하면서 사전에 실무진과 협의하지도 않은 사업 계획을 늘어놓은 사건을 들려주었다.

"실무진 입장에서는 기절초풍할 일이었어. 실제 사업 계획 회의 때는 별 관심도 보이지 않던 사람이었거든. 언론 앞에서 자기 영향력을 과시하고 싶었던 거지. 결국 충분한 타당성 분석 없이 사업 계획을 공표했다가 나중에 공개적으로 망신당하게 될 거라는 이야기를 들은 후에야 입을 다물더군. 올바른 리더십 같은 얘기에는 귀 기울이지 않았지만 자기 체면은 중요했던 거야."

4. 탈출구 열어주기

못된 사람들은 외양이나 남의 시선을 중시한다. 따라서 그들은 마음을 바꾸어 달리 행동하게 된 상황을 정당화할 필요가 있다. 책 앞부분에서 "전 이 대학을 졸업한 스스로가 자랑스러워요. 그리고 정치학 학위를 받아서 기쁘고요. 저를 축하하러 오셨다면 환영이에요. 하지만 그렇지 않다면 떠나 주세요"라고 말했던 딸의 이야기가 기억나는가. 딸은 잘못된 행동을 한 아버지에게 두 가지 가능성을 제시했다. 어느 한 방향을 강요당하지 않고 스스로 둘 중 하나를 선택하게 된 상대는 여전히 자기가 통제력을 가지고 있다는 생각에 안심한다.

5. 기대를 넘어서 행동하기

때로 우리는 못된 사람의 주의를 끌기 위해 어쩔 수 없이 거칠고 이상한 행동을 해야 할 수도 있다. 모두의 머리 위에 앉아 통제하는 것에 익숙해진 이들은 조용히 말해서는 듣지 않기 때문이다.

어느 사회사업가는 청소년 보호 시설에서 두 소녀가 격렬히 싸우는 모습을 목격했다고 한다. 서로 엉켜서 마룻바닥을 구르고 머리카락을 잡아당기는가 하면 정신없이 주먹을 휘두르는 싸움이었다. 둘을 아무리 떼어놓으려 해도 소용이 없었다. 어른 몇 명이 끼어들어도 마찬가지였다. 결국 이 사회사업가는 있는 힘껏 비명을 질렀다고 한다. 그러자 놀란 소녀들이 마침내 싸움을 멈추고 고개를 돌렸다.

44   예상을 뛰어넘는 한마디 말

○ 진실은 강하고 승리한다. 이 점은 분명하다. 다만 현실이
  그렇지 못할 뿐.
                                        – 마크 트웨인

사회사업가가 자신도 모르게 힘껏 비명을 질렀던 것이 어
떻게 즉각적인 효과를 발휘할 수 있었을까? 그것은 예상치
못한 행동이었기 때문이다. 악질적인 사람을 상대할 때에는
간혹 일반적인 행동 범위를 벗어나야 한다. 일반적인 행동은
일반적인 결과로 이어질 뿐이기 때문이다. 붉으락푸르락한
얼굴로 이들에게 진실을 말할 수는 있지만 그 정도로는 상대
의 주의를 끌지 못한다. 이럴 땐 전혀 예상하지 못한 행동으
로 놀라게 해야 새로운 반응이 나온다.

악질적인 사람은 우리가 이성적으로 행동하리라 예측한
다. 그러니 때로는 우리도 비이성적으로 굴어야 할지도 모른
다. 이들은 우리가 논리적으로 나오리라 예상하므로 때로는
우리도 비논리적이 되어야 한다. 이들은 우리 어깨 위에 책임

을 지우려 하므로 우리 쪽에서 상대의 어깨로 책임을 떠넘길 필요도 있다.

책 초반부에 강점이 극단으로 가면 약점이 된다고 했던 것을 기억하는가? 많은 이들이 타인의 잘못이나 실수를 관대하게 받아들이고 공감해준다. 그러나 애석하게도 그 관대한 공감은 결국 또 다른 잘못이나 실수가 되고 만다.

⭕ 나는 이미 충분히 겪었다. – 골다 메이어Golda Meir(전前 이스라엘 총리)

얼마 전 세미나에서 만난 리사라는 여성이 있다. 그녀의 이야기를 들어보자.

"제 룸메이트는 늘 자기 직장에 대해 불평을 해요. 사소한 문제 하나하나까지 들추면서 제게 설명하고 따지지요. 결국은 자기 빼고 다른 사람들은 모두 잘못하고 있다는 거예요.

그렇게 모두에 대해 실컷 비난하고 난 후 룸메이트는 가벼운 발걸음으로 밖에 나가지만 저는 지치고 암담한 기분이 됩니다. 룸메이트에게 너에게도 책임이 어느 정도 있으니 너무 일방적으로 말하지 말라고 하면 바로 발끈해서 '내 하나뿐인 룸메이트가 지금 날 비난하는 거야? 네가 아니면 누굴 붙잡고 내가 이런 이야기를 하겠어?'라고 하지요.

진작에 '권리-요구 시소'에 대해 알았다면 얼마나 좋았을까요? 룸메이트의 일방적인 행동이 조금은 더 분명하게 보였을 테니까요. 그럼 당장 '이제 그쯤 해둬!'라고 말한 뒤 제가 먼저 나가버렸을 겁니다. 물론 룸메이트는 저를 욕했겠지만 그대로 앉아 인간 쓰레기통이 되는 것보다는 욕을 먹는 게 나았을 것 같아요."

○ 그 여자가 내키는 대로 떠들어댄다는 건 알겠다. 그런데 누가 그렇게 만든 것일까? – 도로시 파커Dorothy Parker(작가)

불만만 늘어놓는 사람을 처리하는 최선의 방법은 벌떡 일어나 '이제 그쯤 해둬!'라고 말하는 것이다. 짧고 명료하지 않은가.

자기만 빼고 모두에게서 잘못을 찾는 사람, 그리고 그런 잘못을 끊임없이 떠들어대는 사람들에게는 직접적이고 명료하며 확실한 한마디가 필요하다. 이런 사람들은 자기 생각에 대해 추호의 의심도 없이 확고하다. 확고함과 불명료함이 부딪히면 언제나 확고함이 승리하는 법이다. 바로 이 때문에 우리도 확고하게 말해야 한다. 당신이 확고하다는 것을 알아차린 상대는 예전처럼 쉽게 당신을 '쓰레기통'으로 이용하지 못할 것이다.

이제부터는 귀가 아프고 머리가 어질어질하며 지쳐 쓰러

질 지경이 될 때까지 비난의 말을 참고 들어줄 필요가 없다. 악질적인 사람이 우리를 통제하는 방법 중 하나는 시간을 빼앗는 것이다. 생각해보라. 비난과 불평의 말을 떠들어대는 사람은 상황을 주도하는 반면 들어주는 사람은 수동적인 역할을 하게 되어 있다. 악질적인 사람은 계속해서 주의 집중을 요구하면서 당신을 통제하는 것이다.

아무 관련 없는 사람에게 누군가에 대한 불평이나 비난의 말을 쏟아내는 일은 부적절하다. 모든 일을 젖혀두고 자기 말에 귀를 기울여달라는 식의 요구는 좋게 봐야 둔감한 것이고, 나쁘게 보면 이기적인 행태이다. 이런 행태를 반복하는 것은 악질적인 사람뿐이다. 말없이 자기의 독백에 귀를 기울이지 않으면 원망하는 것도 이런 사람들뿐이다.

다음번에 또 누군가 당신을 붙잡고 끝없이 남에 대한 비난을 쏟아낸다면 용기 내어 말을 잘라야 한다. 예의 바른 행동은 아니지만 할 수 없다. 계속 참고 들어준다면 그런 상황은 끝없이 반복될 것이다.

논쟁에 말려들고 싶지 않을 때

○ 남의 발끝을 밟지 않고 내 발을 내려놓는 기술, 그것이 요령
이다.
— 로런스 J. 피터Laurence J. Peter(사회학자)

도대체 요령이라고는 털끝만큼도 없이 자기 방식만 밀어
붙이는 상대를 만났다면 그의 발끝을 밟아줄 수밖에 없다. 그
렇게 내가 나서서 상황을 통제하지 않으면 상대가 전적으로
통제권을 쥐게 되기 때문이다.

어느 회사 관리자의 말을 들어보자.

"불평꾼이 쓸데없는 소리를 하염없이 늘어놓지 못하게 차
단해야 한다는 말씀에 십분 공감합니다. 저는 회사에서 그런
직원들을 많이 만납니다. 뭐가 잘못되고 있는지에 대해서는
백 가지라도 떠들 수 있지만 그 어디에도 자기 책임은 없다는
식이지요. 저는 그런 불평꾼과 마주 앉게 되면 아예 말을 시
작하지 못하게 합니다. 한번 들어주기 시작하면 하루 종일 걸
릴 테니까요.

제가 대화를 주도하지 못하면 상대가 그 역할을 하게 됩니다. 그리고 역습을 당하기 일쑤지요. 한 여직원은 사무용품을 빼돌리다가 걸렸는데 누구나 그렇게 한다고 주장하면서 업무 규칙에 그러면 안 된다는 말도 없지 않느냐고 하더군요. 결국에는 저를 나쁜 놈으로 만들더라니까요."

이 말이 맞다. 불평꾼은 상대가 반박하느라 바빠 입장을 이야기할 틈이 없도록 만들어버린다. 자기 대신 당신이 죄책감을 느끼도록 하는 것, 이것이 불평꾼의 목표이다.

○ 그는 바보를 보며 참아 넘기기는커녕 아예 보지를 않는다.
– 레스터 피어슨Lester Pearson(정치인)

불평꾼의 투덜거림에서 벗어나는 최선의 방법은 일일이 방어하지 않고 거리를 두는 것이다. 그들은 당신이 잘못했다고 비난 받으면 곧 반박하고 나서리라는 것을 알고 있다. 그리고 당신이 그들의 생각대로 그렇게 반응하는 그 순간, 문제의 핵심은 상대가 아닌 당신이 된다.

그 상황에 빠져들지 않기 위해서는 다음과 같은 거리 두기 전략이 필요하다. 우리가 비난에 반응하지 않으면 짓밟힐 일도 없다는 점을 꼭 기억하자.

죄의식을 불러일으키는 비난	거리 두기
• "당신이 기회를 날려버렸어요. 몇 주 전에 일을 추진했어야 했다고요."	• "각자 나름의 의견이 있는 법이지요."
• "당신은 나태해요. 자신을 좀 더 가꿔야 해요."	• "아무리 그래도 난 지금이 좋아요."
• "당신은 자기중심적인 사람이에요."	• "그렇게 생각한다니 유감이군요."
• "저한테 한 번도 기회를 안 주시는군요. 이번 일도 다른 사람에게 맡기시고요."	• "그건 당신 생각일 뿐이에요."

○ 떠들어댐으로써 상황을 개선할 수 있으리라는 생각은 착각이다.

— 로즈 매콜리Rose Macauly(작가)

다른 예를 들어보자.

"당신은 나보다 이전 남자 친구를 더 사랑하잖아"라는 공격이 들어왔다면 어떻게 할까? "그건 사실이 아냐!"라고 바로 반박하지 말라. 이렇게 말하면 곧바로 '예/아니요' 논쟁에 휘말리기 때문이다. 그 대신 "이전 남자 친구에 대해서는 이야기하지 않기로 했잖아"라며 화제를 돌려라. "이전 남자 친구와 찍은 사진에서는 늘 환하게 웃고 있는데 나랑 사진 찍을 때는 안 웃잖아"라고 또다시 그 문제를 물고 늘어지면, "그만 두라니까. 그 이야기는 그만!"이라고 말하라. 논란의 여지가 없도록 짧고 명백하게 답해야 한다.

필요한 경우 상대의 말이 끝날 때까지 기다리지 말고 끼어들어 말하라. 물방울이 떨어지기 시작할 때 막지 않으면 한 동이를 몽땅 뒤집어쓸지도 모르니까. 신속히 차단하지 않으면 죄책감으로 가는 열차에 올라타고 말 것이다.

◦• *Action plan* •◦

- 악질의 비난과 투덜거림에 시달려본 적이 있는가? 어떤 상황이었는가?
- 지금 당신 주변에 불평꾼이 있는가? 근거 없는 불평들이 쏟아져 나올 때 어떻게 거리를 둘 계획인가?
- 자기 때문인 줄은 모르고 남들만 비난하는 사람이 곁에 있는가? 앞으로도 열심히 상대의 이야기를 들어줄 생각인가? 또다시 끝없는 비난의 말을 늘어놓기 시작하면 어떻게 대처할 것인가?
- 당신도 간혹 죄책감으로 가는 열차에 올라타곤 하는가? 어떤 상황에서 그렇게 되는가? 또다시 그런 상황이 발생한다면 어떻게 할 것인가?

✖ 유해한 믿음/행동

상대가 당신에게 책임을 덮어씌우게 두기 "통장 잔고가 마이너스가 되어버린 건 당신 잘못이야."

상대가 끝없이 비난거리를 찾아내도록 방치하기 "당신이 계좌를 제대로 관리했다면 이런 일은 없었을 거야."

공정함에 호소하기 "이걸 내 잘못이라고 하는 건 말이 안 되지."

예측 가능하게 행동하기 '비난하는 말에 결국 울음을 터뜨렸으니 농간에 넘어가고 말았어.'

상대의 말을 계속 듣고 있기 '결국 나는 한마디도 할 기회를 얻지 못했어.'

논쟁하기 "매번 똑같은 일이 반복되는데 정말 진저리가 나!"

✚ 유익한 믿음/행동

상대에게 책임 묻기 "자기 행동에 대해서는 스스로 책임을 져야지."

비난의 말에 귀 기울이지 않기 "잠깐만. 나중에 후회할 말은 하지 말라고."

상대의 체면에 호소하기 "원망하기 전에 지출 내역부터 살펴봐."

예측 불가능하게 행동하기 "지금 내 눈을 똑바로 바라보면서 당장 사과해!"

상대의 독백을 끊어버리기 "됐어. 그 정도면 충분해! 이제 내 말을 들을 차례야!"

거리 두기 "아무리 그래도 난 상관하지 않겠어."

46   독침을 피하는 방법

○ 의사에게 다리가 두 군데two places 부러졌다고 하니까 의사는
   다시는 그런 곳those places에 가지 말라고 했다.

   − 헤니 영맨Henny Youngman(코미디언)

헤니 영맨의 말은 재미있다. 뿐만 아니라 성찰의 여지도
준다. 이 말을 살짝 바꿔 나는 혹시 "마음 상하게 하는 사람을
자청해서 자꾸 만나고 있는 것은 아닌가?"라고 자문해보라.

반복적으로 당신을 괴롭히는 사람이 있는가? 그렇다면
"이전에 일어났던 상황이 아닌가? 전에 이런 처지에 빠져본
일이 또 있지 않은가?"라고 자문해볼 필요가 있다. 이미 과거
에도 비슷한 일을 한번 겪었던 상대라면 또다시 똑같은 절벽
으로 뛰어내릴 필요는 없다. 이번에는 결과가 다르리라 기대
하면서 같은 일을 계속하는 것, 그것은 '미친 짓'일 수도 있다.

◎　자기 약점과 단점에 대해 늘 투덜대면서도 또다시 똑같이
　　행동하는 이유는 무엇일까?　　　　　　　　　 – 볼테르(작가)

　　한 젊은 여성의 경험담을 들어보자.

　　"제 시어머니는 조울증이세요. 울증 상태일 때는 몹시 소
극적이다가 조증 상태가 되면 너무 하다 싶을 정도로 가족들
에게 비난과 원망을 쏟아내신답니다.

　　전 부동산 중개인으로 일하기 때문에 저녁이나 주말에도
일을 해야 해요. 제 일을 좋아하긴 하지만 엄마 역할을 제대
로 못 한다는 생각에 늘 가슴이 아프지요. 그런 제 마음을 아
는 시어머니는 조증일 때 정확히 그 부분을 끄집어내 저를 비
난하곤 합니다.

　　남편은 시어머니에게 너무 휘둘리지 말라고 해요. 남편은
어렸을 때 시어머니로부터 자기를 낳은 걸 후회한다는 말을
들었대요. 그때는 무척 상심했지만 다행히 시아버지가 '네 엄
마의 병은 네 탓이 아니란다. 그리고 엄마 병을 낫게 하기 위
해 네가 할 수 있는 일은 없어'라는 말을 해주셨다고 해요. 그
전까지 남편은 자기가 더 열심히 노력하면 결국 어머니가 다
정하고 자상한 모습이 될 것이라 생각했지만 그때 생각을 바
꾸었답니다. 어머니는 변하지 않을 것이며 그런 어머니 때문
에 자기 인생을 망가뜨리지 않겠다고 결심한 거예요. 그래서

어머니가 그 어떤 비난의 말을 해도 꿈쩍하지 않게 되었지요.

요즘 시어머니는 조증 상태예요. 그리고 며느리인 저를 공격 대상으로 삼아 집중적으로 괴롭히시죠. 어제는 우리 아이들이 얼마나 잘못되고 있는지, 그런데도 엄마라는 사람이 부동산 중개에만 매달려 있으니 한심해서 화가 난다는 이메일을 보내셨어요. 그걸 읽고 울고 있는데 남편이 들어왔어요. 자초지종을 들은 남편은 딱 한마디를 하더군요. '왜 그 이메일을 읽은 거야? 요즘 엄마가 어떤 상태인지 알잖아.'

남편 말이 옳았어요. 이메일을 열어 본 제가 결국 그 상황을 만든 거였지요. 조증 상태의 시어머니가 보낸 편지가 어떤 내용일지는 안 봐도 뻔했는데요. 그건 결국 제 잘못이었어요."

◯ 희망은 어둠 속에서 시작된다. 옳은 행동을 하려고 노력하면 결국 새벽이 찾아오리라는 굳은 희망 말이다. ─ 앤 라모트

어째서 한번 당했던 일을 또 당하고 있는가? 언젠가는 상대가 정신을 차리고 후회하면서 변화하리라 기대하기 때문이다. 한번 더 기회를 주고 싶은 마음 때문이다. 혹은 인간이 의식적으로 사악함을 택할 수 있다는 사실을 아예 이해하지 못하기 때문일지도 모른다. 그 사악함 때문에 남은 물론이고 자

기 자신까지 피해를 입는다 해도 말이다.

악어 한 마리가 강을 건너려 할 때 전갈이 나타나 등에 태워달라고 했다. 악어는 코웃음을 쳤다.

"내가 왜? 내 등에 올라타면 넌 바로 독침을 찌를 텐데."

그러자 전갈은 "걱정 마. 난 강을 건너고 싶을 뿐이야"라고 대답했다. 악어가 그래도 미심쩍어하자 전갈이 다시 말했다.

"이봐. 내가 널 찌르면 우린 둘 다 물에 빠져 죽게 돼. 왜 내가 그런 멍청한 짓을 하겠어?"

악어는 과연 그렇겠다고 생각하며 전갈을 등에 태웠다. 그러나 강 한가운데쯤 이르렀을 때 전갈은 악어를 독침으로 찔렀다. 악어는 죽어가면서 영문을 몰라 물었다.

"왜 날 찌른 거지? 이제 우리는 둘 다 물에 빠져 죽게 될 거야."

물에 빠져 허우적거리던 전갈이 대답했다.

"난 전갈이거든."

이 우화가 보여주듯이 전갈은 끝까지 전갈이다. 그래서 언젠가는 독침을 찌르게 되어 있다. 독침을 피하는 방법은 등에 태우지 않는 것뿐이다!

47   당신 인생의 운전석에는
누가 앉아 있는가?

○ 포기하지도 굴복하지도 말라.   – 허버트 험프리

　때로는 전갈과 같은 공간에 있지 않아도 독침에 찔릴 수 있다. 나는 어느 잡지에서 세계적인 모델로 일하면서 한 남자에게 속박당한 채 지낸 한 여성의 이야기를 읽은 적이 있다. 그녀가 유럽으로 촬영을 갔을 때였다고 한다. 사진사가 특정 포즈를 취해달라고 요청하자 남자가 그 포즈는 취하지 말라고 했다는 대답이 자동적으로 튀어나왔다. 수천 마일이나 떨어진 곳이었는데도 말이다.

　당신도 매순간 당신을 통제하는 누군가가 있는가? 자신도 모르게 '이건 하지 말라고 할 텐데' 혹은 '여기는 가지 말라고 하지 않았나?'라고 혼잣말을 하고 있는가?

　당신이 할 수 있는 일과 할 수 없는 일을 당신이 아닌 다른 사람이 결정하도록 한다면 당신은 아직 어른이 아니다. 그런 상황을 그냥 받아들인다면, 꼭두각시 인형처럼 상대가 조

종하는 대로 움직인다면, 그것은 분명히 잘못된 것이다.

친밀한 관계에서는 당연히 서로의 행동을 타협하고 조정하는 과정이 일어난다. 하지만 상대가 당신 인생을 결정하도록 방치하지는 말라. 당신이 무엇을 생각하고 무엇을 원하며 무엇을 믿는지는 당신 자신이 결정해야 한다.

○ 아내와 나는 서로를 완벽히 이해한다. 나는 아내 인생에 간섭하지 않는다……. 그리고 내 인생도 아내에게 맡긴다.

― 로버트 오벤Robert Orben(코미디 작가)

당신의 권리를 다 포기한 채 자기 삶을 남의 삶인 양 살지 않으려면 스스로가 성인이고 성인답게 행동해야 한다는 점을 명확히 인식해야 한다. 그리고 어느 누가 됐건 상대가 나의 윗사람이 아닌 동등한 위치라고 생각해야 한다. 사생활에서든 비즈니스에서든 내 행동의 최종 결정권은 내가 가져야 한다. 타인의 원격 조종을 벗어나 힘을 되찾아야 한다.

워크숍에 참석해 잠자코 나의 말을 듣던 한 부인이 한숨을 쉬며 자기 이야기를 해주었다.

"지금까지는 남편이 얼마나 제 삶을 좌지우지하는지 미처 깨닫지 못했어요. 어느새 거기에 익숙해진 거지요. 어느 날 갑자기 남편은 자기가 승용차를 몬다면서 저더러 낡아빠진

트럭을 몰고 직장에 나가라고 했어요. 전 그 트럭이 딱 질색인데 말이지요. 또 주말이면 모형 비행기를 날리러 가는데 억지로 따라다니게 했어요. 전 멍청하게 앉아 남편과 남편 친구들이 노는 모습을 지켜보았지요. 또 제가 듣고 싶은 야간 강좌는 절대 허락해주지 않았고요.

저도 이제 중년인데 어째서 아직도 사사건건 남편 뜻에 따라야 하죠? 아마 남편이 무섭기 때문이겠죠. 절 때리지는 않아요. 하지만 심한 말로 절 괴롭히지요. 남편 앞에서는 저도 모르게 위축돼요. 원하는 대로 해주지 않으면 험한 말을 듣게 될 것이 뻔하니까 그냥 따랐던 거예요."

○ 그 사람 눈을 들여다보고 있으면 누군가의 조종을 받고 있다는 느낌이 듭니다. – 데이비드 레터먼David Letterman(토크쇼 진행자)

명심하자. 그저 온순하게만 행동하다가는 제 몫을 못 찾는다. 앞으로는 악질적인 사람이 당신에게 생각이나 행동을 강요할 때 스스로에게 이렇게 말하라.

'이 사람은 내 윗사람이 아냐. 내 의견도 이 사람 의견과 똑같이 중요해.'

중요한 것은 상대가 당신 인생의 운전대를 마음대로 잡지 못하도록 해야 한다는 것이다.

함부로 말하는 사람과 대화하는 법

앞의 사례에서 중년 부인이 여태까지와는 반대로 남편을 억누를 필요까지는 없다. 그저 남편이 자기를 더 이상 억누르지 못하게만 하면 된다. "난 당신 트럭이 딱 질색이니 당신이 그걸 몰고 나가요"라고 말하고, "주말에 친구들과 모형 비행기를 날리고 와요. 난 다른 계획이 있으니까"라고 용기 내어 말하는 것이다. 또 "난 야간 강좌를 듣기로 했어요. 화요일과 목요일 저녁에는 강좌를 들으러 가야 하니 그렇게 알아요"라고 마침내 말하는 것이다.

○ 비평가는 신경 쓸 필요가 없다. 하지만 무시하지는 말라.
– 새뮤얼 골드윈

〈소공녀The Little Princess〉라는 영화를 본 적이 있는가? 악질적인 사람에게 용감하게 대처하는 어린 소녀의 이야기이다. 주인공 소녀는 기숙학교의 여자 교장에게 괴롭힘을 당한다. 좁고 어두운 다락방에서 온갖 구박을 받으며 사는 소녀는 바닥에 주저앉아 흐느껴 울곤 한다. 그러다가 분필을 발견하고는 자기 주위에 동그라미를 그린다. 그리고 자기를 보호하는 그 동그라미 안에서 마음을 놓는다.

분필로 그린 동그라미는 교장의 미움과 증오를 차단하는 경계이다. 영화의 막바지로 가면 소녀는 결국 교장의 사악한 영향권에서 벗어나 우뚝 선다. 영화는 남의 영혼을 파괴하려고 작정한 상대에게 시달리더라도 끝내 자신을 지킬 수 있다는 것을 감동적으로 보여준다.

당신 곁에도 당신을 파괴하려는 사람이 있는가? 그럼 영화의 주인공처럼 나를 감싸는 상상 속의 동그라미를 그려 자신을 안전하게 보호해보면 어떨까? 그 어떤 비판의 말도 그 동그라미 안까지는 뚫고 들어오지 못한다고 생각하는 것이다. 내 인생의 책임을 되찾자. 남이 당신을 분노하게, 슬프게, 혹은 좌절하게 만들도록 방치해두지 말라. 상대를 파괴할 필요는 없다. 상대가 나를 파괴하지 못하게만 하면 된다.

•• *Action plan* ••

- 당신에게 비난과 원망의 말을 퍼붓는 사람이 있는가? 당신은 그 사람의 전화나 이메일을 계속 수신하고 있는가? 그 이유는 무엇인가?
- 상대는 혹시 전갈이 아닌가? 상대는 앞으로도 계속 독침을 찌를 것이라 보는가? 구체적으로 설명해보라.
- 계속 반복되는 상황을 중단시키고 상대의 부정적 영향을 차단할 방법은 무엇인가?
- 자신도 모르게 '이건 하지 말라고 할 텐데' 혹은 '여기는 가지 말라고 하지 않았나?'라고 혼잣말을 하고 있는가? 누가, 왜 당신 인생을 원격 조종하게 되었나?
- 당신은 그렇게 원격 조종 당하는 상황에 책임이 없는가? 스스로 우뚝 서기 위해 어떻게 할 계획인가?

✖ 유해한 믿음/행동

또다시 똑같은 상황에 처하기 '남동생이 또 잡혀가는 바람에 보석금이 필요해.'

상대에게 책임 묻기 '동생은 대체 언제 어른이 돼서 자기 인생을 책임지려는 거야?'

또다시 전갈의 독침에 찔리기 '정말 끔찍해. 보석금을 물고 간신히 감옥에서 빼내줬더니 다시 도망쳤어!'

상대로부터 원격 조종 받기 '동생이 어디서 어떻게 지내는지, 밥은 제대로 먹는지 걱정이야.'

✚ 유익한 믿음/행동

반복되는 상황 끊기 '이제는 정신 차려야 해. 더 이상 보석금을 내주지 않겠어.'

내 책임도 함께 인정하기 '계속 보석금을 내주는 상황에 대해 진작 동생과 이야기를 나눠야 했어.'

전갈을 등에 태우지 않기 '그래. 이번에는 감옥에서 지내도록 해야 해.'

스스로의 통제력 되찾기 '마흔다섯이나 먹은 동생이니 스스로 알아서 살 때가 됐어.'

48 　괴물과 싸우면서 괴물이 되지 않으려면

○ 나는 타고난 비관론자였다. 내가 처음 내뱉은 말은 "내 병은 반밖에 안 남았어"였으니까. 　－ 레이시 하먼Lacie Harmon(배우)

"우리는 서로를 불신해야 한다. 그것이 배신에 대한 유일한 방어책이다."

작가 테너시 윌리엄스Tennessee Williams의 말이다. 그는 물론 농담을 하고 있다. 모두를 불신하고 싶은 사람은 없으리라. 하지만 뜻밖의 배신을 당하고 싶은 사람도 없을 것이다. 이 균형을 어떻게 맞출 수 있을까?

상황을 제대로 파악하지 못하면 취약한 입장에 놓일 수밖에 없다는 점을 우선 기억하자. 내 친구는 쓰라린 경험을 통해 이를 깨달았다. 문제의 시작은 공짜 여행 쿠폰이었다. 90분의 리조트 마케팅 설명회 자리에 참석하기만 하면 2박 3일을 공짜로 리조트에서 보낼 수 있다는 조건이었다. 친구는 기꺼이 공짜 여행을 가기로 했다. 그리고 여행 첫날 즐거운 시간을 보내다가 마케팅 설명회 장소로 향했다.

"구매 강요가 극심하리라는 건 충분히 예상했지. 제품 설명이 끝나자 세일즈맨들이 온갖 술수를 쓰면서 리조트 이용권을 계약하도록 압박하더라고. 난 공짜 여행을 대가로 받은 만큼 그 자리에 끝까지 앉아 버틸 작정이었어.

하지만 너무 무례하게 나오니까 화가 났어. 심지어 한 세일즈맨은 두 할머니를 집중 공략하면서 '손자 손녀를 사랑하지 않으세요? 함께 휴가를 보낼 리조트 이용권 정도는 장만해두셔야지요. 앞으로 살날이 얼마나 될지 모르시잖아요. 즐거운 추억을 만들 수 있는 돈을 그냥 은행에 쌓아두실 필요가 있을까요?'라고 떠들어대더군.

내 못마땅한 표정을 알아차린 직원 하나가 다가오더니 '리조트 이용권을 구입하지 않을 생각이시군요?'라고 묻더군. '절대 안 살 거예요'라고 대답했지. 그랬더니 포기했다는 듯 손을 들어 보이고는 '그럼 이쪽으로 오세요. 서명하고 먼저 빠져나가실 수 있도록 해드리죠'라고 말하는 거야.

우리는 그 장소를 빠져나와 작은 방으로 옮겨 앉았어. 그리고 그 직원과 이런저런 이야기를 나누었지. 그러다가 정신을 차리고 보니 그 직원은 어떻게 그런 좋은 기회를 놓칠 수 있느냐고 나를 설득하고 있었어. 결국은 또 다른 상술이었던 거야. 처음 마케팅 설명회 때는 어느 정도 세일즈를 할 것이라 예상했기 때문에 괜찮았지. 하지만 장소를 옮기면서 어느새 다 끝났다는 생각에 경계가 풀렸고 하마터면 넘어갈 뻔했어. 직원은 그 틈을 노렸던 거야."

오해는 하지 말자. 세일즈맨이 다 나쁘다는 말은 아니다. 자신과 고객의 필요를 모두 충족시키는 윤리적이면서 유능한 세일즈맨은 얼마든지 많다. 하지만 앞의 사례에 등장하듯 자기 목적에만 집중해 일방적으로 밀어붙이는 사람도 있다. 우리를 어떻게든 물건을 사게 만들어야 하는 존재로, 극복해야 할 장애물로 여기는 것이다. 이를 제대로 이해하지 못하고 경계하지 않는다면 매번 원하지 않은 결과를 받아 들게 된다.

한 여성의 경험담을 들어보자.

"저는 주변 사람들의 선의를 의심해본 적이 없어요. 하지만 그러다가 삼촌한테 완전히 당했지요. 삼촌은 남편이 죽은 날 바로 병원으로 달려와 모든 걸 살펴주겠다고 했어요. 그리고 남편이 관리하던 고객을 다 자기가 맡아줄 테니 걱정하지 말라고 하더군요. 또 제가 장례식이니 뭐니 해서 정신이 없으니 돈 문제는 자기가 처리하겠다고 했어요. 그러고는 있는 돈을 싹 긁어 가버렸지요.

남편을 잃고 두 아이와 함께 남은 조카한테 삼촌이 그런 짓을 할 수 있다니 믿을 수가 없었어요. 너무도 절 걱정해주는 모습이었기에 털끝만큼도 의심하지 않았죠. 이제는 누구도 믿지 못하겠어요. 그런 일을 겪은 후 비관론자가 되지 않는다는 건 불가능해요."

○ 괴물과 싸우는 사람은 그 싸움 속에서 스스로도 괴물이 되지 않도록 조심해야 한다.　　　　　 – 프리드리히 니체(철학자, 문헌학자)

어떻게 해야 할까? 누구도 신뢰할 수 없는 상황에서 어떻게 인간에 대한 신뢰를 유지할 수 있을까? 악질적인 사람에게 당하면서도 어떻게 인간의 선량함을 믿어야 할까? 평소 동경해왔던 베스트셀러 작가의 인간성이 형편없다는 것을 알고 실망한 내게 한 친구는 윌리엄 블레이크의 말을 들려주었다.

"환상이 깨지는 순간에 우리가 선택할 길은 두 가지이다. 냉소적인 회의론자가 되거나, 세상의 이치를 깨달은 선한 인간이 되거나."

친구의 조언 덕분에 나는 실망감에 더 빠지지 않았다. 세상에는 악인도 있지만 도덕적인 인간이 훨씬 많다. 그리고 두 부류는 공존할 수밖에 없다. 결국 가장 현명한 태도는 회의론도 이상론도 아닌 '세상의 이치를 깨달은 선한 인간'으로 거듭나는 것이다. 세상의 이치를 깨달은 선한 인간이란 세상이 선한 인간들로만 이루어져 있지 않다는 사실을 알지만 그럼에도 인간의 선함을 믿는 존재이다.

49 당신의 감정적 아킬레스건은 무엇인가?

○ 모두를 믿는 것, 그리고 아무도 믿지 않는 것. 이 두 가지는 똑같은 실패이다.

　　　　　　　　　　　　　　　　　　　　　　　　 — 토머스 풀러Thomas Fuller(작가)

'좋아. 나도 세상의 이치를 깨달은 선한 인간이 되겠어. 하지만 도저히 신뢰할 수 없는 상대는 대체 어떻게 다뤄야 하지?'라는 생각이 드는가? 이럴 때는 "당신이 원하는 대로는 되지 않을 거야"라고 먼저 말하는 것이 방법이다. 상대의 의중을 간파하고 말해버리면 그 게임은 효력을 잃기 때문이다.

공짜 리조트 여행을 떠났던 내 친구의 경우라면 작은 방으로 자리를 옮긴 후 웃으면서 "아, 어떤 계획이신지 알겠어요. 절 이리로 데려와 경계심을 풀고 그 틈을 타 다시 리조트 이용권 계약을 하도록 만들려는 거지요?"라고 말할 수 있었으리라. 당황한 직원이 이를 인정하지 않았다 해도 전세는 이미 기울어졌을 것이다.

누군가 당신을 조종하려 든다면 이렇게 먼저 말해버리는

방법을 써보는 것도 괜찮다. 준비가 철저하다면 전쟁에서 반은 이긴 셈이라고들 한다. 그런데 게임의 규칙을 먼저 말한다면 아예 전쟁에서 빠져나올 수 있다. 가령 협상 중간에 상대가 괜히 시간으로 압박을 가한다면 "그쪽에서 몰아가는 대로는 안 될 겁니다"라고 말하는 것도 괜찮은 방법이다.

○ 아침에 일어나 자기는 그 어떤 잘못도 없다는 생각이 든다면
   이미 공동묘지에 누운 후일 것이다.
   – 빅토리아 모런Victoria Moran(작가)

인간은 모두 완벽하지 않다. 그런데 악질적인 사람은 하필 그 완벽하지 않은 부분, 취약한 부분을 집중 공략한다. 민감하게 반응하는 부분을 건드려야 효과가 있기 때문이다.

"제 행동이 마음에 안 드실 때마다 어머니가 절 이기적이라고 말했던 이유를 이제야 알겠군요. 전 이기적인 사람처럼 여겨지는 것이 딱 질색이었고, 그래서 어머니가 그렇게 말씀하시면 그 다음부터는 늘 원하는 대로 따랐지요."

워크숍에 참석했던 한 남성의 말이다.

나는 그에게 악질적인 사람은 때로 자기 행동을 남에게 투사해 거꾸로 비난을 덮어씌운다고 설명해주었다. 그런 사람의 각본에 놀아나지 않으려면 주변의 다른 사람들, 이를테

면 배우자, 아이들, 친구들의 생각을 두루 참고해야 한다고도 덧붙였다. 그러면 그 상황에서 한 걸음 떨어져서 어머니의 비난에 대해 공정하게 생각해볼 수 있고, 그러면 결국 자신보다는 어머니가 오히려 그 비난을 받아 마땅하다는 점을 이해하게 될 테니 말이다.

이제부터는 상대가 당신을 비난할 때 '자기 행동을 내게 투사하는 것은 아닌가? 내가 이 부분에 특히 민감하다는 걸 알고 저렇게 말하는 것은 아닐까? 다른 사람들이 나에 대해 하는 말과 일치하는 면이 있나?'라고 스스로에게 물어보자. 당신을 이용하려 드는 사람들에게 휘둘리지 않는 또 하나의 방법이 될 것이다.

•• *Action plan* ••

- 당신은 회의론자인가, 낙관론자인가? 낯선 이를 의심하는 편인가, 신뢰하는 편인가?
- '세상의 이치를 깨달은 선한 인간'이라는 개념에 대해 어떻게 생각하는가? 수긍할 수 있는 개념인가? 그렇다면 혹은 그렇지 않다면 그 이유는 무엇인가?
- 가정이나 직장 등에서 남에게 이용당하는 상황에 처해보았는가? 어떤 상황이었는가?
- 그런 경험을 겪은 뒤에도 인간을 선한 존재라 믿을 수 있는 방법은 무엇일까?

함부로 말하는 사람과 대화하는 법

- 자기가 원하는 대로 당신을 조종하려 드는 사람이 있다면 무슨 말을 해주겠는가?

✖ 유해한 믿음/행동

무턱대고 남을 믿어 취약한 입장에 놓이기 '내 믿음을 이렇게 배신하다니 믿을 수 없어.'

사악한 사람을 만나 당황하기 '이제는 누구한테도 마음속 얘기를 털어놓지 못할 것 같아.'

경계심을 풀어버리기 '내가 속 얘기를 털어놓게끔 해야 할 이유가 있었던 거지.'

조종하려는 술수에 대처하지 않기 '그 얘기까지는 하지 말아야 했어.'

✚ 유익한 믿음/행동

믿을 만한 사람들만 신뢰하기 '이 생각을 그 사람한테는 말해주지 않겠어.'

세상에는 악인과 선인이 공존한다는 것을 이해하기 '상대를 더 잘 알기 전까지는 깊은 얘기를 하지 말아야 해.'

경계심 유지하기 '이제부터는 눈을 번득이면서 자기는 믿어도 된다고 강조하는 사람들을 조심해야겠어.'

조종하려는 술수를 먼저 말하기 "당신이 원하는 대로는 되지 않을 거야."

악담과 미움을 선택하지 않는 힘

○ "절 경멸하시는군요."

"경멸에 대해 조금이라도 생각했다면 그럴지도 모르지요."

– 영화 〈카사블랑카〉의 대사

사람들을 경멸할 생각은 조금도 하지 말라. 악질적인 사람에 대해 적절한 방법으로 화를 내는 것은 좋다. 하지만 그 분노가 미움이나 복수심으로 번져서는 안 된다.

남을 욕하는 말은 결국 우리 자신에게 악영향을 미친다. 그 사람이 정말 욕먹어 마땅하다 해도 당신의 말을 듣는 사람은 수긍하는 동시에 언젠가 자기도 당신에게 그런 욕을 먹지 않을까 걱정하게 되기 때문이다. 악질적인 사람을 욕하는 것은 상황을 전혀 개선시키지 못하면서 우리 마음의 평화, 그리고 우리에 대한 주변인들의 평가만 망가뜨린다.

변호사 남편에게 두 아들을 빼앗겼던 여성 재무 상담가는 이렇게 말했다.

"사실은 남편을 욕하지 않는 게 제일 어려운 일이었어요. 주말에 아이들을 만날 때면 제가 아니라 아빠가 문제였다는 걸 다 털어놓고 하소연하고 싶었거든요. 남편은 이미 아이들한테 저에 대해 온갖 나쁜 이야기를 해둔 상태였지요. 제가 낭비를 일삼아 가계를 바닥나게 했다는 둥 말도 안 되는 거짓말을 했더군요. 참다못해 저는 실제로는 아빠의 신용카드 빚이 문제였다고 설명했어요. 그러자 열 살짜리 큰아들이 절 바라보면서 말하더군요. '아빠는 이렇다고 하고 엄마는 저렇다고 하니 이제는 누구도 믿지 못하겠어요. 엄마 아빠 둘 다 말이에요.'

그 말을 듣는 순간 전 가슴이 찢어지는 것 같았어요. 전 늘 진실하고 당당하게 행동하려고 노력하며 살았거든요. 그런데 다른 누구도 아닌 내 아들이 절 못 믿겠다니요. 그 순간 저는 아이들에게는 진실을 곧이곧대로 말하는 사람이 아니라 책임 있는 어른으로 행동하는 부모가 필요하다는 점을 깨달았어요. 우리 부부의 관계에 아이들을 끼워 넣을 이유는 없었던 거예요. 이미 아빠란 사람이 미움을 있는 대로 쏟아내고 있는데 엄마까지 그래서는 안 되는 거였지요. 제 상담 치료사는 '아이들은 스스로 판단할 거예요. 지금은 남편과 다르게 행동하는 것이 자녀들을 위한 최선의 방법이에요'라고 말해주었지요.

사실 당시에는 상담 치료사의 말도 받아들이기 힘들었어요. 결국 아이들이 진실을 깨닫고 저를 알아줄 것이라는 실낱같은 희망을 붙잡고 있었지만 그렇게 되지 않으면 어쩌지요? 아빠 말만 믿고 절 영원히 나쁜 사람으로 보면요? 그런 일은 상상조차 하기 힘들었어요. 하지만 그렇다고 아이들 아빠를 쓰레기 같은 인간으로 몰아서 아이들을 회의주의자로 만들 수는 없었지요. 고맙게도 상담 치료사의 말이 옳았어요. 이제 저와 아이들은 그 어느 때보다도 서로 가까워졌답니다."

○ 사람을 미워하는 것은 쥐 한 마리를 잡기 위해 집 전체를 다 태우는 것과 같다.   – 해리 에머슨 포스딕Harry Emerson Fosdick(목사)

  이야기를 듣고 난 한 워크숍 참석자는 "이론적으로는 동의하지만 실천하기는 어려운 일이에요. 제 명예를 실추시켰다거나 직장을 잃게 한 상대를 어떻게 미워하지 않을 수 있나요?"라고 되물었다.

  그렇다. 실천하기 어려운 일임은 분명하다. 하지만 악질적인 사람에게 '승리'를 안겨주지 않으려면 그렇게 해야 한다. 원망과 미움에 가득 차 어쩔 줄 모른다면 악질적인 사람의 승리로 끝난다. 분노에 사로잡히지 않는 것은 그 상황에서 우리가 스스로 할 수 있는 거의 유일한 일이다. 이를 위해 마음에 맞는 친구들을 만나고 즐거운 일을 하면서 마음속 악마를 몰아내라. 어둠의 힘에 맞서 균형을 잡아라. 상대가 어떻게 나오든 나는 추악한 인간으로 타락하지 않겠다고 마음을 굳게 먹는 것, 그것이 가장 좋은 방법이다.

"발레에서는 모든 것이 아름답지."

뮤지컬 〈코러스 라인〉에서 발레를 통해 힘겨운 삶으로부터 마침내 탈출한 인물이 읊조리는 대사이다. 이 인물은 절망 대신 춤이 선사하는 기쁨에 빠지는 편을 택했다. 우리도 인생의 아름다운 면을 택함으로써 미움과 원망이라는 어둠의 충동을 잠재울 수 있다. 아름다움에 둘러싸여 있다면 계속해서 분노하거나 미워하기는 어려워진다.

힘들었던 시절 나는 운 좋게도 장미꽃밭이 딸린 집을 얻었다. 아이들을 학교에 보낸 후 아침마다 그 꽃밭에 물을 주고 다듬는 것이 중요한 일과였다. 그 몇 분의 시간이 얼마나 평화롭고 행복했는지 모른다. 집에 들어가기 전에는 꽃봉오리 몇 개를 잘라 화병에 꽂아 컴퓨터 근처에 두었다. 그러면 하루 종일 장미꽃을 감상하면서 글을 쓸 수 있었다. 자연이 준 그 아름다운 선물에 나는 마음이 따뜻해지곤 했다. 그리고 세상에는 추악함뿐 아니라 아름다움도 있다는 것을 잊지 않고 기억할 수 있었다.

○ 고요하고 평화로운 야생의 땅은 지친 사람의 마음을 어루만진다.

－ 존 뮤어John Muir(환경 운동가)

악질 상사에게 해고당한 한 남성의 이야기를 들어보자.

"책상을 비우라는 말을 들은 첫 주에는 집에 처박혀 복수할 방법을 궁리하며 지냈습니다. 어찌나 분한지 밤에도 잠을 잘 수 없었지요. 천장을 바라보며 뜬눈으로 밤을 지새웠고 복수할 계획을 세웠어요. 둘째 주가 되자 아내가 제게 삽을 내밀면서 정원에 나가 기분을 풀라고 하더군요.

그래서 그렇게 했습니다. 잡화점에 가서 눈에 띄는 대로 필요한 걸 사들여 매일 아침마다 땅을 고르고 잡초를 뽑고 모종을 심고 물을 주었지요. 돌이켜보면 그건 스스로를 치료할 수 있는 최선의 방법이었던 것 같습니다. 두 손으로 흙과 식물을 만지고 있자니 저절로 마음이 차분해지더군요."

흙을 만지면서 일을 하는 것도 좋고, 산책을 하는 것도 좋다. 대지와 만나면 그 대지 위의 삶에 대해 나쁜 면보다는 좋은 면을 보게 되기 때문이다. 산에서는 모든 것이 멋지고 숲에서는 모든 것이 환상적이며 호수에서는 모든 것이 사랑스럽다. 당신의 발 아래 펼쳐진 대지에 푹 빠져보라. 그리고 가슴과 머리에서 악질적인 사람에 대한 생각, 그에게 받은 상처들을 몰아내라.

- 당신 인생에도 미운 사람이 있는가? 그 사람은 누구이며 어째서 당신의 미움과 원망을 샀는가?
- 미움과 악담이 누구에게도 도움이 되지 않는다는 데 동의하는가? 당신이 소중히 여기는 사람들은 결국 진실을 알아주리라 생각하는가?
- 악질적인 사람보다는 세상의 아름다움에 초점을 맞추기 위해 어떤 식으로 대지와 만날 계획인가?

✖ 유해한 믿음/행동

악질적인 사람에 대해 악담하기 '모든 사람에게 그 자식이 한 짓을 알리겠어.'

누가 잘못했는지 따져 밝히기 '모든 것이 그 사람 책임이라는 걸 다들 알아야 해.'

악질적인 사람의 악한 기운에 굴복하기 '이렇게 계속 살 수 있을까? 미래는 암울할 뿐이야.'

복수할 계획 짜기 '대가를 치르게 해야 해. 후회하게 만들어야지.'

✚ 유익한 믿음/행동

말을 아끼기 '악담을 해봤자 나만 오해받고 말 거야.'

사람들이 스스로 진실을 깨달을 것이라 믿기 '언젠가는 사실이 밝혀질 거야.'

아름다움으로 악을 몰아내기 '아름다운 음악을 감상해야겠어.'

대지와 만나기 '오늘은 정원에서 꽃을 가꾸면서 지내겠어.'

기다리지 말고 스스로 구원하라

○ 나는 영원히 살려고 계획했다. 아직까지는 문제없다.

– 머그잔에 쓰인 문구

영원히 살 수는 없겠지만 무슨 일을 겪든 내가 지금 살아 있다는 점을 기억할 필요는 있다. 감사해야 할 일 또한 많다는 점을 함께 기억하게 될 테니 말이다. 영화배우 모리스 슈발리에Maurice Chevalier는 "대안이 무엇인지 생각해본다면 오래 사는 것도 그렇게 나쁘지만은 않다"라고 말하기도 했다. 악질적인 사람을 상대하는 것은 괴롭고 힘든 일이지만 우리가 사랑과 자유를 누리고 공부할 수 있는 한 더 좋은 날에 대한 희망과 대안은 여전히 있다.

○ 나는 변화를 좋아한다. 변화가 일어나지 않으면 변화를 만들어버린다.

　　　　　　　　　　　　　　　　　　　　　　－ 윈스턴 처칠

　　나쁜 상황은 분명 일어날 수 있지만 그래도 삶을 되찾기 위해 무언가 할 수 있다. 이것이 이 책의 핵심 메시지이다. 나쁜 상황이 저절로 좋아지지는 않으니 바로 당신이 그 무언가를 해야 한다. 백마 탄 기사가 찾아와 당신을 구원해주지는 않는다. 당신을 구원할 수 있는 사람은 당신 자신뿐이다. 상황 자체는 당신 잘못이 아니지만 상황을 해결하는 것은 당신 책임이다.

　　미국의 단편소설 작가 오 헨리O. Henry는 "인생은 흐느낌, 훌쩍거림, 그리고 미소로 이루어지는데 그중 훌쩍거림이 가장 많다"라고 했다. 내 생각은 다르다. 흐느낌, 훌쩍거림, 미소의 비중은 우리 자신이 결정하는 것이다. 다만 그 세 가지 중 무엇이 우리를 지배하게 할지에 대해 질문을 던져야 한다.

　　당신은 악질적인 사람을 상대하면서 어떤 것을 배웠는가? 그 경험을 통해 좀 더 강해졌는가? 이 세상에 사는 당신이 누구인지, 당신이 원하는 것이 무엇인지 좀 더 분명해졌는가? 당신 삶의 좋은 면들에 대해 좀 더 감사하게 되었는가? 악몽 같은 일을 겪으면서 진짜 친구가 누군지 알게 되었는가? 낯선 이들의 도움을 받을 수 있게 되었는가? 여기서 얻은 교훈을 남은 평생 동안 기억할 수 있겠는가?

그렇다면 그 경험은 충분히 가치 있는 것이 아닐까? 당신은 불의와 시련을 이기고 더 강하고 지혜로운 사람이 되었으니 말이다.

○ 자신의 위대한 면을 따르는 사람은 위대하게 된다. 자신의 나약한 면을 따르는 사람은 나약하게 된다.   － 맹자

언젠가 뉴욕 링컨센터 에이버리 피셔홀에서 열렸던 이츠하크 펄먼Itzhak Perlman의 연주회는 잊을 수 없는 감동을 남겼다. 펄먼은 어린 시절 소아마비를 앓아 목발을 짚어야 하는 장애인이 되었다. 하지만 그는 자신의 위대한 면을 잘 살려 훌륭한 연주자로 거듭났다.

그날의 연주회에서도 펄먼은 목발을 짚고 무대에 올랐다. 의자에 앉은 뒤 조율을 시작했는데 그만 바이올린 줄 하나가 끊어지고 말았다. 관객들은 그가 다시 목발을 짚고 무대 밖으로 나가 바이올린을 바꾸거나 줄을 새로 끼우고 돌아올 것이라 생각했다. 하지만 그는 움직이지 않았다. 잠시 무언가 생각하는 듯하더니 지휘자에게 시작해도 좋다는 신호를 보냈다.

바이올린 줄이 하나 끊어진 상태에서 연주하는 것이 가능

하다고 생각하는 사람은 없다. 그 자리에 있던 관객들은 모두 그랬다. 하지만 이츠하크 펄먼은 그 생각을 거부했다. 그리고 음을 바꾸고 조정하면서 일찍이 없었던 새로운 음악을 만들어냈다.

연주가 끝나자 객석에 침묵이 흘렀다. 관객들은 곧 일제히 일어나 우레와 같은 박수를 보냈다. 이 열광적인 반응에 대해 펄먼은 짧게 한마디를 남겼을 뿐이다.

"가진 것을 최대한 활용해 음악을 만들어내는 게 음악가의 역할이기도 하지요."

당신도 음악을 연주할 수 있다. 자신만의 방법을 찾아라.

○ "어떻게 어둠 속에서 되돌아갈 길을 찾지?"
"큰 별을 똑바로 따라가면 돼. 그 아래 고속도로가 있어. 집으로 가는 길이야."
— 아서 밀러Arthur Miller(작가)

내가 언제나 고대하던 순간이 되었다. 책의 마지막 부분을 쓰는 일 말이다. 책을 한 권 쓰려면 길게는 1년 정도의 기간이 걸린다. 그리고 그 사이에 많은 일이 일어난다. 오늘 이 마지막 부분을 쓰기 전에 내게 편지 한 통이 도착했다. 내가 예전에 쓴 책을 읽은 어느 죄수가 보낸 편지였다.

아침 6시 30분경이 되면 저는 몸을 일으켜 창문 아래로 갑니다. 그리고 태양이 떠오르는 광경을 봅니다. 가만히 서서 제 호흡에 집중합니다. 그러다가 어느 순간 글을 쓰고 싶다는 생각이 들었습니다. 그래서 다음과 같은 글을 썼습니다.

창밖을 내다보면 담장이 보인다.
담장 밖을 보면 출입문이 보인다.
출입문 밖을 보면 풀밭이 보인다.
풀밭 너머를 보면 지평선이 보인다.
지평선 너머를 보면 새벽이 보인다.
바로 그 때문에 태양이 떠오르는 것이다.

제가 이런 글을 쓰게 된 것이 선생님의 책 때문이었는지는 잘 모르겠습니다. 어쨌든 전 이런 생각을 했습니다. 어쩌면 남은 평생을 감옥에서 보내야 할지도 모르는 제가 창문 밖으로 태양이 떠오르는 모습을 볼 수 있다면, 바깥의 진짜 세상에 사는 사람은 반드시 자기 삶의 태양이 떠오르는 모습을 보아야 한다고요. 이 편지가 누군가를 격려하는 데 쓰일 수 있다면 크나큰 영광이겠습니다.

나 역시 이 책이 당신에게 용기를 주고, 더 의미 있고 만족스러운 삶으로 나아가게 할 수 있다면 크나큰 영광이겠다. 당신에게는 분명 더 나은 미래가 있다. 내가 이 책을 마무리하는 순간, 그리고 당신이 이 책을 읽는 순간에도 찬란한 태양이 우리를 비추고 있다. 못된 사람의 괴롭힘에 체념하지 말고, 이제 스스로 자신의 삶을 되찾아라. 그리고 희망의 고속도로를 찾아 삶을 여행하라.

옮긴이 **이상원**

서울대학교 가정관리학과와 노어노문학과를 졸업하고 한국외국어대학교 통번역대학원에서 석사와 박사 학위를 받았다. 서울대 기초교육원 강의 교수로 글쓰기 강의를 하고 있으며, 《적을 만들지 않는 대화법》, 《그 회사는 직원을 설레게 한다》 등 80여 권의 책을 우리말로 옮겼다. 저서로는 《서울대 인문학 글쓰기 강의》, 《매우 사적인 글쓰기 수업》, 《엄마와 함께한 세 번의 여행》, 《나를 일으키는 글쓰기》가 있다.

함부로 말하는 사람과 대화하는 법

초판 1쇄 발행   2011년 5월 20일
4판 2쇄 발행   2023년 5월 29일

지은이 • 샘 혼
옮긴이 • 이상원

펴낸이 • 박선경
기획/편집 • 이유나, 강민형, 지혜빈, 김선우
마케팅 • 박언경, 황예린
디자인/제작 • 디자인원(031-941-0991)
펴낸곳 • 도서출판 갈매나무
출판등록 • 2006년 7월 27일 제395-2006-000092호
주소 • 경기도 고양시 일산동구 호수로 358-39 (백석동, 동문타워 I) 808호
전화 • (031)967-5596
팩스 • (031)967-5597
블로그 • blog.naver.com/kevinmanse
이메일 • kevinmanse@naver.com
페이스북 • www.facebook.com/galmaenamu
인스타그램 • www.instagram.com/galmeanamu.pub

ISBN 979-11-91842-45-6 / 03320
값 16,000원